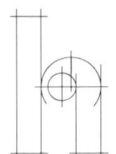

Humanística

1. *Introdução à vida intelectual*, João Batista Libanio
2. *Norma linguística*, Marcos Bagno
3. *A inclusão do outro — Estudos de teoria política*, Jürgen Habermas
4. *Sociologia da comunicação*, Philippe Breton, Serge Proulx
5. *Sociolinguística interacional*, Branca Telles Ribeiro, Pedro M. Garcez [orgs.]
6. *Linguística da norma*, Marcos Bagno [org.]
7. *Abismos e ápices*, Giulia P. Di Nicola, Attilio Danese
8. *Verdade e justificação — Ensaios filosóficos*, Jürgen Habermas
9. *Jovens em tempos de pós-modernidade — Considerações socioculturais e pastorais*, J. B. Libanio
10. *Estudos em filosofia da linguagem*, Guido Imaguire, Matthias Schirin
11. *A dimensão espiritual — Religião, filosofia e valor humano*, John Cottingham
12. *Exercícios de mitologia*, Philippe Borgeaud
13. *Paz, justiça e tolerância no mundo contemporâneo*, Luiz Paulo Rouanet
14. *O ser e o espírito*, Claude Bruaire
15. *Scotus e a liberdade — Textos escolhidos sobre a vontade, a felicidade e a lei natural*, Cesar Ribas Cezar
16. *Escritos e conferências 1 — Em torno da psicanálise*, Paul Ricoeur
17. *O visível e o revelado*, Jean-Luc Marion
18. *Breve história dos direitos humanos*, Alessandra Facchi
19. *Escritos e conferências 2 — Hermenêutica*, Paul Ricoeur
20. *Breve história da alma*, Luca Vanzago
21. *Praticar a justiça — Fundamentos, orientações, questões*, Alain Durand
22. *A paz e a razão — Kant e as relações internacionais: direito, política, história*, Massimo Mori
23. *Bacon, Galileu e Descartes — O renascimento da filosofia grega*, Miguel Spinelli
24. *Direito e política em Hannah Arendt*, Ana Paula Repolês Torres
25. *Imagem e consciência da história — Pensamento figurativo em Walter Benjamin*, Francisco Pinheiro Machado
26. *Filosofia e política em Éric Weil — Um estudo sobre a ideia de cidadania na filosofia política de Éric Weil*, Sérgio de Siqueira Camargo
27. *Si mesmo como história — Ensaios sobre a identidade narrativa*, Abrahão Costa Andrade
28. *Da catástrofe às virtudes — A crítica de Alasdair MacIntyre ao liberalismo emotivista*, Francisco Sassetti da Mota
29. *Escritos e conferências 3 — Antropologia filosófica*, Paul Ricoeur
30. *Violência, educação e globalização — Compreender o nosso tempo com Eric Weil*, Marcelo Perine, Evanildo Costeski [org.]
31. *A Filosofia na Psicologia — Diálogos com Foucault, Deleuze, Adorno e Heidegger*, Carlos Roberto Drawin, João Leite Ferreira Neto e Jacqueline de Oliveira Moreira [orgs.]
32. *Las Casas e Zumbi — Pioneiros da consciência social e histórica na luta pelos direitos dos Índios e dos Negros*, Frei Carlos Josaphat
33. *O Tempo Biológico em Teilhard de Chardin*, Witold Skwara
34. *O problema do mal no pensamento de Agostinho*, Makyl Angelo X. Mendes

O PROBLEMA DO MAL NO PENSAMENTO DE AGOSTINHO

MAKYL ANGELO XAVIER MENDES

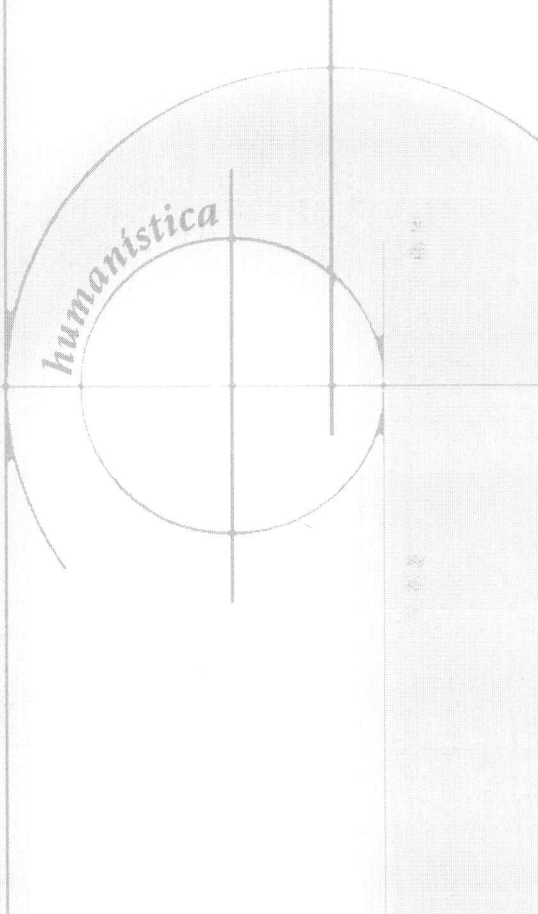

Edições Loyola

Dados Internacionais de Catalogação na Publicação (CIP)
(Câmara Brasileira do Livro, SP, Brasil)

Mendes, Makyl Angelo Xavier
    O problema do mal no pensamento de Agostinho
/ Makyl Angelo Xavier Mendes. -- 1. ed. -- São Paulo :
Edições Loyola, 2020.

ISBN 978-65-5504-018-0

1. Agostinho, Santo, Bispo de Hipona, 354-430 2. Antropologia
3. Cristianismo e justiça - História das doutrinas - Igreja primitiva, ca.
30-600 4. Filosofia 5. Teologia I. Título.

20-39834   CDD-280.092

Índices para catálogo sistemático:
1. Agostinho : Pensadores cristãos : Cristianismo 280.092

Maria Alice Ferreira - Bibliotecária - CRB-8/7964

Preparação: Andréa Stahel M. Silva
Capa: Manu Santos
Diagramação: Wellington Mendonça Oliveira
Revisão: Maria de Fátima Cavallaro

Edições Loyola Jesuítas
Rua 1822, 341 – Ipiranga
04216-000 São Paulo, SP
T 55 11 3385 8500/8501 • 2063 4275
editorial@loyola.com.br
vendas@loyola.com.br
www.loyola.com.br

Todos os direitos reservados. Nenhuma parte desta obra pode ser reproduzida ou transmitida por qualquer forma e/ou quaisquer meios (eletrônico ou mecânico, incluindo fotocópia e gravação) ou arquivada em qualquer sistema ou banco de dados sem permissão escrita da Editora.

ISBN 978-65-5504-018-0

© EDIÇÕES LOYOLA, São Paulo, Brasil, 2020

Sumário

Agradecimentos 7

Introdução 9

1. A problemática do maniqueísmo 13
   1.1. A origem do mal 14
   1.2. A dualidade entre bem e mal 22
   1.3. A relação "Criador e criatura" 28

2. O conceito de livre-arbítrio 37
   2.1. O mal como perversão da vontade 37
   2.2. A existência de Deus: Deus é a verdade 43

3. Os efeitos da liberdade 49
   3.1. O homem, protagonista do mal 52
   3.2. Os três níveis do mal 56
   3.3. A existência de Deus: Deus suprema Existência ... 66

Conclusão 71

Referências 73

Agradecimentos

A Deus em primeiro lugar, por suas misericórdias e livramentos em cada viagem para o Rio de Janeiro. À família, pela paciência e pelo apoio prestado durante toda a jornada na confecção da presente obra. Agradeço a Andréia Mendes (esposa) que durante o período de pesquisa esteve cuidando de nossa filha Sara Salute. Nomeadamente, à Faculdade de São Bento do Rio de Janeiro, na pessoa do Magnífico Diretor D. Anselmo de Paiva, OSB., pela oportunidade de estudar e conhecer a famosa biblioteca beneditina, e ao Conselho Editorial de Edições Loyola, que aprovou a sua publicação.

Introdução

Libertas vera est Christo servire.
Santo Agostinho, *Confissões*, 1984.

Durante o período de consolidação do cristianismo no Império Romano a Igreja Católica buscou alargar seu horizonte intelectual mesmo diante do perigo das heresias.

Muitos teólogos e filósofos cristãos trabalharam para justificar a fé cristã para os pagãos. Embora os pensadores modernos desconsiderem amiúde os escritos dessa época que nos remetem ao Concílio de Éfeso em 431 d.C., não podemos ignorar o papel desempenhado por Agostinho no período que antecede o Concílio.

O filósofo Aurélio Agostinho viveu entre 354 e 430 de nossa era, durante a dominação romana, em uma colônia sem tradição, na província da Numídia, atual território da Argélia. Foi um grande pensador, e, por meio da investigação de temas como memória, sabedoria, Deus e destino, consagrou-se como um dos Padres da Igreja no Ocidente.

A pesquisa contribuirá para que se compreenda o desenvolvimento da história, o modo como o homem procura muitas vezes explicar a origem do mal partindo dos problemas políticos, econômicos e sociais. Cometendo vários abusos e atrocidades, a violência que toma conta das pessoas e o individualismo que degenera a essência humana podem ser entendidos de acordo com a herança agostiniana como o corolário do rompimento da essência humana com o Ser Absoluto. Esta relação com o absoluto se dá de forma necessária ante a constatação de que o homem decai no abismo do mal uma vez que ele tenta agir por conta própria.

Daqui depreende-se que o intuito maior desta pesquisa é demonstrar que a razão só encontra o repouso na revelação da fé, isto é, na correspondência do amor pelo qual somos atraídos para Deus.

A importância deste trabalho reside no resgate de valores imutáveis no aspecto ontológico que influenciará indelevelmente a filosofia medieval na escolástica. Voltando à fonte da religião, contextualiza a liberdade ética e substancial que Deus oferece por sua gratuidade: o amor, ele é o fundamento da reconciliação e potencializa pelo processo de "Iluminação Divina" a capacidade cognitiva do homem na busca pela verdade.

Nesta obra, o tema conduz a questionamentos que afirmam categoricamente que o mal não tem origem em Deus, mas é consequência da contingência humana, como também de um mau uso da liberdade. Neste mundo só Deus é perfeito. Até o cosmo está na linha de imperfeição. O bispo de Hipona diria que Deus é o sumo Bem, é o Bem eterno. Logo, torna-se a causa de todo o Bem; em comparação, "mal é a privação do Bem", em virtude de sua causa primeira: contingência humana e cósmica.

Partindo unicamente do homem, Agostinho não o isenta da responsabilidade de seus atos. Veremos a questão do *livre-arbítrio*, como algo benéfico dado pelo Criador, em que a vontade tem a influência para determinar a escolha a ser feita entre o Bem ou o Mal e seu papel na existência do pecado.

O mal físico é percebido mediante as doenças no ser humano, é manifestado pelo sofrimento. O mal moral está direcionado e é o próprio pecado cometido, e depende da má vontade humana. Tendo o mal natureza deficiente, a vontade deveria voltar-se para o Bem supremo e Eterno. Com a existência dos bens finitos, a vontade se subverte não seguindo a ordem natural da criação; esse mal coloca o homem totalmente contra o Criador, afastando-se da graça e abandonando-a. E, por fim, o mal metafísico confirma o mal como sendo a privação de um bem devido à ordem natural, ou seja, um não ser. Com este compreende-se a real finitude da criatura humana, e comprova-se que os seus limites lhe são inerentes. Essa criatura muitas vezes sofre por causa dos seus limites, sendo que estes não podem ser considerados verdadeiramente um mal. Dessa forma, não se deve afirmar que Deus seja o criador do mal, dado que os limites do ser criacional não são males. Pois o ser é bom em si mesmo. Deus é imutável, não é contingente, é perfeito. Isto é, ele é o que é, e não deixa de ser, que é na sua essência. Logo, o mal não vem de Deus; se assim fosse, torná-lo-ia contraditório. Pode-se concluir que o mal é uma realidade inerente à condição humana e cósmica: "Eis o mal secreto que o ato exterior apenas tornou visível: o orgulho de ser para si mesmo sua própria luz, a recusa de ficar voltado para a verdadeira luz, que, contudo, fazia dele uma luz" (GILSON, 2006, 285). O dualismo entre o bem e o mal evocado por Agostinho no período tardo-pagão nos mostra a profundidade do tema e a efervescência desses assuntos não somente no âmbito eclesiástico, mas também entre os filósofos dessa época. Por exemplo, no gnosticismo e no movimento maniqueísta. Na presente obra daremos maior atenção aos maniqueístas porque seus pressupostos ontológicos foram combatidos diretamente pelo bispo de Hipona.

1. A problemática do maniqueísmo

Como é possível o Bem e o Mal pertencerem à mesma substância?

Essa problemática invade a natureza do homem como presságios de incertezas constantes que aprisionam a finitude dos seus sentimentos, não lhe permitindo contemplar a verdade em sua completude.

O maniqueísmo, ao intuir a equivalência dessas duas forças divergentes como valores escatológicos, passa a afirmar que sua efetivação material dessa dualidade tem a garantia dos mesmos poderes de convergência, que se separam e se tornam definidos, cada um deles, pelo princípio da contradição. Mani era um sacerdote persa que viveu no séc. III e proclamou-se o *Paracleto*, aquele que devia conduzir a doutrina cristã à perfeição. O maniqueísmo é uma mistura imaginosa de elementos gnósticos, cristãos e orientais, sobre as duas bases da religião de Zoroastro.

Agostinho, na obra *Confissões*, direciona o caminho de sua investigação a respeito da busca da "pura verdade" ao redimensionar como é possível o Bem e o Mal pertencerem à mesma substância. Como poderia em si uma substância gerar outra e, pela diferenciação, ter o mesmo princípio de forças equivalentes?

Mas teria podido conhecer a verdade, se meus olhos só atingiram o corpo e meu espírito não via mais do que fantasias? Não sabia que Deus é espírito e que não possui membros com medidas de comprimento e largura; nem é matéria, porque a matéria é menor em sua parte que no seu todo. Ainda que a matéria fosse infinita, seria menor em alguma de suas partes, limitada por um certo espaço, do que na sua finitude; nem se concentra toda inteira em qualquer parte, como o espírito, como Deus (AGOSTINHO, 1984, 68).

Diante das deduções contraditórias do autor, é perceptível que a condição de espaço delimita o homem a ficar trancafiado na própria finitude do mundo aparente. A garantia da sua liberdade se autoafirma em perpassar os próprios limites da matéria. Nesse sentido, a concepção de Deus ao se manifestar invade as contingências materiais, presentes no homem, para garantir que a própria contradição em si, presente nas forças, não está depositada no homem sob o mesmo nível imanente. Daí sobressai que a elevação do Espírito presente na sua criatura humana não a aprisionou sob o jugo da aparência, porém emerge da sua posição moral: devo fazer o bem, mas a aplicação da minha vontade tende para uma ação má.

1.1. A origem do mal

Os maniqueus alimentavam uma postura vazia em relação à dificuldade para conceber a unicidade da substância, pela qual era impossível pensar a totalidade a não ser pela oposição entre o bem e o mal. Agostinho não admitia que a sua criaturalidade viesse da origem do mal, pois a beleza que sustenta a perfeição do universo e que, ao mesmo tempo, incorpora no homem o ápice de maior grau de perfeição sobre todas as coisas surgisse de alguém que fosse imperfeito. A prova da existência do mal provoca no autor o absurdo para entender o problema da criação:

> Por outro lado, continuava a me perguntar: "Mas quem me criou? Não foi o meu Deus, que não somente é bom, mas é ele a própria bondade? Como explicar que a minha vontade tenda para o mal e não para o bem? Será isso uma punição justa? Quem plantou em mim esses germes de sofrimento e os alimentou, uma vez que sou criatura do meu Deus que é cheio de amor? Se foi o diabo, de onde ele vem? Se também ele tornou diabo por sua própria vontade perversa,

ele que era um anjo bom inteiramente criado por um Deus de bondade, de onde lhe veio essa vontade má que o tornou diabo?" E eu ficava novamente deprimido diante de tais reflexões, e sentia-me sufocado, mas de modo algum arrastado àquele inferno do erro, [...], preferindo crer que estás sujeito ao mal a considerar o homem capaz de cometê-lo (AGOSTINHO, 1984, 163).

Tais questionamentos perduraram no coração do autor como sentimentos das incertezas que vêm acometidas pelos sentidos, que deixam marcas do mal como um ferreiro que, ao identificar o gado, deixa a cicatriz de uma vez por todas. Logo, a identidade de Deus não está submetida à natureza humana que se autoconsome pela tendência de praticar a maldade, e, esta, por sua vez, não deseja a si mesma, porque seu fundamento é a dispersão do nunca encontrado gerido pelas consequências dos remorsos de bem que a si mesmo nunca fez. O bem não se desqualifica pela oposição desejante da maldade [..], que perdura como cicatriz da satisfação perversa que alimenta seu ego pela desgraça humana.

A substância do bem e do mal, estando simultaneamente na vontade de cada homem, revelaria, segundo a tendência maniqueísta, que a essência *a priori* dessa manifestação no homem é um atributo de causa primeira pela qual estariam eles condenados ao cárcere da dualidade entre essas duas forças infinitas que se tornariam finitas no próprio limite em que se encontram. O autor não admite que a partir desse princípio possa haver duas substâncias idênticas que gerem a condição humana.

Logo, no Criador não pode estar o mal. Este poderia estar presente apenas na sua criatura. Libanio discorre com propriedade sobre a seguinte chave antropológica:

> O caminho da solução do mal vem do fato de que o criado não pode ser infinitamente perfeito, sem limite. E esse (malummetaphysicum) possibilita o mal (male physicum), já que não pode haver infinitas soluções que evitassem o mal. O mal físico não vem de uma intencionalidade má, mas é possibilitado pela imperfeição da condição da criatura. A intencionalidade do Criador é sempre boa. Mas a coisa criada, em sua limitação de criatura, não pode alcançar todas as perfeições absolutamente. Há momentos em que entraria em contradição com a própria condição da criatura. Para evitar totalmente o mal a criatura teria de ser infinita, mas já não seria criatura. E Deus não pode fazer o absurdo, isto é, uma criatura que, ao mesmo tempo, não seja

criatura. Deus não pode criar-se a si mesmo. Logo a perfeição infinita não pode ser condição natural (LIBANIO, 2001, 230).

Segundo Gerd Bornheim (2001, 50), "ser e nada são os fundamentos últimos do bem e do mal". Essa constatação torna-se a alavanca da problemática agostiniana, por não conceber que o bem e o mal possam ter a mesma substância e essência. Essa foi a sua chave para a libertação e a sua grande descoberta filosófico-teológica, que marcou uma diferença fundamental entre o pensamento grego e o pensamento cristão. Antes de tudo, ele nega a realidade metafísica do mal: o mal não é ser, mas privação de ser, como já falara Platão quando afirmou que o homem que fora trancafiado e escravizado no mundo corpóreo estava preso na limitação da caverna do mundo dos sentidos e da obscuridade, que revela a ausência de luz para compreender a totalidade do conhecimento de si mesmo.

Compreendendo as luzes da mediação gnóstica como ponte para desvendar o ser, Agostinho não concebe o homem como tendo e sendo duas substâncias a partir da mesma essência, descartando assim a doutrina citada. Por isso ele abandonou essa teoria, partindo para uma investigação antropológica em busca de uma nova verdade que superasse a dicotomia implantada como princípio da existência do mal presente em Deus. Diante disso, Agostinho vê-se de frente com o absurdo para comprovar que as raízes do mal estão imanentes nas condições das possibilidades humanas.

Com essa nova visão acerca do assunto, ele percebe que nessa relação entre Deus e a criação existe algo, diante das coisas criadas, que não está colocado de modo coerente com a realidade anteriormente abandonada, ou seja, a concepção de bem e a concepção de mal como origem do universo. Dessa certeza se pode inferir, com Agostinho, o seguinte raciocínio:

> Vi claramente que as coisas corruptíveis são boas. Não se poderiam corromper se fossem sumamente boas, ou se não fossem boas. Se fossem absolutamente boas, não seriam corruptíveis. E se não fossem boas, nada haveria a corromper. A corrupção de fato é um mal, porém, não seria nociva se não diminuísse em bem real. Portanto, ou a corrupção não é um mal, o que é impossível, ou – e isso é certo – tudo aquilo que se corrompe sofre uma diminuição de bem. Mas privadas de todo o bem, deixariam inteiramente de existir (AGOSTINHO, 1984, 176).

Com efeito, a evidência da linhagem ontológica que relaciona a divindade presente no ser humano é explicitada por sua capacidade racional. No entanto, essa capacidade é convocada a participar da sua condição imanente de ser, deixando o homem limitado no tempo e espaço físico a par de toda contingência. Nessa limitação em que se encontra, calcula a manifestação presente do bem que, ao redimensionar sobre si mesmo, por uma válvula de escape racional, revela a única possibilidade de encontro que tem consigo mesmo e com Deus.

À medida que o homem se expressa pela palavra como própria razão, revela que a fala é o mecanismo de exteriorizar os sons que, ao retornar sobre si mesmos, vêm à ressonância dos sentidos como significados. Por meio desses sentidos aprende as relações do mundo com seus semelhantes e as ensina a eles. Segundo Agostinho, essa possibilidade existe como algo anterior que inspira o homem a revelar o próprio sentido da vida. Contudo, o dom dessa condição é gratuidade e doação de Deus. A contemplação e a ascese revogam a diferença entre a fala e a conquista da interioridade de que se fala:

> Quem fala, pois, dá exteriormente o sinal da sua vontade por meio da articulação do som: mas devemos procurar Deus e suplicar-lhe no mais íntimo recesso da alma racional, que se denomina o homem interior; quis Ele que fosse este o seu templo. Não leste no Apóstolo: "Não sabeis que sois o templo de Deus e que o espírito de Deus habita em vós", e que "Cristo habita no homem interior?" (AGOSTINHO, 1987, 292).

Se Agostinho coloca a situação psicológica de um homem interior, ressalva, sem dúvida, também a condição de um homem exterior que se manifesta pela linguagem. Contudo surge um questionamento antropológico que impele a busca desse homem interior que está sob a projeção do exterior. Daí resulta a preocupação em torno da verdade, pois, se ela está centrada no primeiro, recorre a uma determinação da verdade pelo segundo, na qual a linguagem não se basta por si mesma e o efeito da linguagem se esvazia por si mesma. Nesse caso, o homem exterior fica sendo um reflexo da verdade do homem interior, que é atributo assegurado pela condição divina aos olhos humanos diante do mistério, no qual o homem fica aguçado em um pântano da insaciável vontade sem fim, que se renova pelo desejo do encontro com o sumo Bem, que ao mesmo tempo o distancia pelo desencontro do abismo que o separa de Deus.

Agostinho vai contra a ideologia da corrente pelagiana, quando declara que o pecado foi uma falta concebível aos olhos do Criador, que ao conceber o querer humano deixou este aplicar o seu desejo, gerando, por sua vez, o "primeiro pecado". Portanto, nele o homem não se encontrou enfraquecido diante da unidade substancial do Bem, mas cometeu apenas um erro ameno que não feriu toda a natureza do homem, nem passou de geração a geração.

Agostinho confirma que esse primeiro pecado acometeu a todos os homens, e, dessa herança, prevaleceu sobre a humanidade a mancha dessa atrocidade que lhe afastou, de uma vez por todas, do contato direto com o sumo Bem. Ao decaírem no pecado, os homens ficaram apenas com um imaginário daquela condição que seria o bem. A noção de contrariedade presente no homem dissipou qualquer possibilidade de retorno daquele princípio, e, a partir daí, ele se percebe na situação de falta.

Ao comentar Agostinho, Reale e Antiseri (1990b, v. II) assinalam que a "situação de falta" reclama o encontro com o Bem. Essa relação é apenas uma noção fraca e limitada oferecida pela capacidade racional que deixa o homem condenado pelo pressentimento da falta constante que o leva para a prática do mal. Ela, a capacidade racional, afirma que o mal é um estado presente na criatura e não no Criador. O epicurismo já afirmara uma resolução para essa dicotomia ao dizer que o homem encontra o sumo Bem na busca do prazer (*hedoné*), não naquele sentido de satisfação dos apetites imediatos, mas no prazer virtuoso pelo qual a ação material dá ao homem o encontro consigo mesmo por estado de *"ataraxia"*, isto é, pela elevação do espírito. Essa visão é concebida por uma força cosmogônica, que Agostinho refuta por ficar rotulada, simplesmente, no nível da criaturalidade e por não dar uma resposta suficiente à condição de causalidade da natureza humana corrompida.

Essas duas visões proporcionam uma autoafirmação presente no homem, que revela fora da própria vontade algo metafísico além de sua natureza incorruptível, que ao decair na condição material perde sua excelência primeira. Agostinho diz que o Bem está revelado no próprio fenômeno da matéria e do espírito como natureza corpórea. Poderia se levantar a hipótese de que a razão como mediadora da revelação de Deus, presente na condição humana, se encontra em águas turvas que surgem da incompreensão do projeto de Deus para a humanidade. O poder de Deus tem de ser pleno, pois, se assim não for, nessas condições, ele não seria potência, mas simplesmente uma elevação da própria impotência pela necessidade de recorrer a um estado de potência, que sempre prefigura a falta que resguarda as vantagens do mal:

"Ou Deus quer tirar o mal do mundo, mas não pode; ou pode, mas não quer tirar; ou não pode nem quer; ou pode e quer. Se quer e não pode, é importante; se pode e não quer, não nos ama; se não quer nem pode, não é o Deus bom e, além do mais, é impotente; se pode e quer – e isto é o mais seguro –, então de onde vem o mal real e por que não o elimina?" Sob esse dilema, existem dois pressupostos de que o mal existe, mas poderia não ter existido, caso Deus quisesse. No fundo, ele coloca em questão a própria bondade e misericórdia de Deus. Ou o pressuposto de que Deus não conseguiu evitá-lo, mesmo querendo fazê-lo. Daí o empenho de uma teodiceia de querer salvar Deus da pecha de não ser bom e de não poder tudo (LIBANIO, 2001, 220).

Já afirmava Agostinho que o fim último do homem, que é o Sumo Bem, está em Deus. Nessa afirmação está implícita a problemática da teleologia, isto é, os estudos dos fins. A sua afirmação é uma tentativa de cunho dogmático que não justifica a imputação do homem ao estado de pecado e a sua tendência a incorporar a presença do mal. Consequentemente, não se pode circular apenas num campo metafísico, pois existe para o homem uma finalidade sobrenatural proporcionada pela própria condição racional que tende na sua natureza corpórea ao anseio absurdo para conquistar esse Bem eterno. Por outro lado, quando Deus doou a capacidade racional à criatura, foi com a intenção de manipular a própria coisa criada, ou para lhe possibilitar o exercício da própria condição da liberdade? Deixando assim o ser sob a velação de uma noção para recair na própria contradição de seus desígnios, como afirma o autor: "Senhor fizeste-nos para vós e o nosso coração está inquieto até que não repouse em vós" (AGOSTINHO, 1984, 15). Ao dizer que o homem não encontra porto seguro na condição material e que vive sob a fadiga da vida, o autor recorre a um pessimismo outrora citado na Bíblia no livro do Eclesiástico:

Quem pode penetrar a sabedoria divina, anterior a tudo? A sabedoria foi criada antes de todas as coisas, a inteligência prudente existe antes dos séculos! O verbo de Deus nos céus é fonte de sabedoria, seus caminhos são os mandamentos eternos. A quem foi revelada a raiz da sabedoria? Quem pode discernir seus artifícios? A quem foi mostrada e revelada a ciência da sabedoria? Quem pode compreender a multiplicidade de seus caminhos? (Eclo 1,3-7)

A única possibilidade que a razão nos oferece em busca da finalidade última de todas as coisas é a inquietação provocada pelo próprio conhecimento. Ele nos revela que os passos de Deus são trilhados por um caminho oposto àquele que nós trilhamos e que, de vez em quando, cruzamos o mesmo ponto e despertamos a sabedoria intuitiva pela qual captamos o bem. Contudo, perdemos de vista as suas pegadas pela própria dispersão do sentimento da falta que nos corrói. Essa lacuna nos separa da natureza divina manifestada pela bondade presente no ser humilhado que perdura sua existência no nível natural.

O homem, desvinculado de sua essência, pode querer repousar o seu espírito naquilo que não conhece como sua totalidade, e, ao mesmo tempo, o que ele sabe é apenas aparência da aparência por almejar uma essência segura para confortar o vazio que lhe assegura o nada conhecido. Segue-se assim a certeza de que o homem não se satisfaz com a sua natureza, esse ser nasceu de Deus, ou seja, todos os outros seres criados encontram respostas para seus anseios na sua natureza, o homem não, pois foi criado para o Criador, esse é o seu telos, que tende a não existir para a finalidade natural, em que, confrontando-se, corrói o seu ser. Por essa razão, Reale nos situa, com a seguinte afirmação:

> [...] Tu te acresces portanto a ti mesmo, depois de ter jogado fora o resto: depois de tal renúncia, o "Todo" se te faz presente; mas, se faz presente para quem sabe renunciar, ele, no entanto, não aparece por nada para quem fica com as outras coisas; não creias que Ele "vem para ficar ao teu lado", mas, quando ele não está junto de ti, foste tu quem foi embora. E, tendo ido embora, tu não foste embora d'Ele (pois Ele ainda está presente ali) nem foste para qualquer outro ponto, mas sim, mesmo permanecendo presente, te voltastes para a parte oposta (para o lado das coisas) (REALE; ANTISERI, 1990a, 349).

O lapso que nos separa de Deus é nutrido por um tipo de proliferação que inclina o homem a conviver com a prática do mal, advindo da própria face da imperfeição. Resultado da herança adâmica, o pecado original impede o homem de seguir o caminho do Bem, a não ser que, infundido pela graça divina, o homem consiga vencer a concupiscência que lhe é própria. Com efeito, não pode haver duas substâncias iguais que deram origem a essa criatura irrelevante e, ao mesmo tempo, sublime, que aparece substanciada por duas partes que se dissipam entre si. A primeira deriva do Bem e identifica-se com a razão, torna-o parecido a um semideus, e a segunda o aprisiona por um pecado da própria turbulência, em que o homem se encontra limitado no próprio fenômeno de si, expiação do próprio anseio de não poder superar o próprio prejuízo do mal praticado. Esse argumento é evidenciado quando na seguinte abordagem de Agostinho:

> Em consequência, eu deduzia que também o mal era uma substância desse gênero, ora massa escura e disforme, ora espessa, chamada terra, ora tênue e sutil, como o ar, que os maniqueus imaginavam como espírito maligno rastejando sobre a terra. [...] obrigava a crer que um Deus Bom não podia ter criado uma natureza má. Concluía daí que devia haver duas substâncias opostas entre si, ambas infinitas, sendo, porém, a má em medida mais limitada, e a boa em medida mais ampla. E desse princípio peçonhento derivavam todas as outras ideias errôneas. [...] E me parecia mais reverente, ó meu Deus – que te manifestas nas tuas misericórdias para comigo –, acreditar-te infinito em todo sentido, exceto naquele em que se opõe a ti a substância do mal, onde me via obrigado a reconhecer-te finito, do que imaginar-te limitado pela forma de um corpo humano. E me parecia mais justo crer que não tivesses criado mal nenhum, do que acreditar que a natureza do mal – como eu a imaginava – proviesse de ti. Na minha ignorância, eu imaginava o mal, não só como substância corpórea, pois não sabia conceber um espírito, mas também como um corpo sutil que se difunde no espaço (AGOSTINHO, 1984, 122).

Esse percurso tratou da questão da origem do mal, de toda uma tomada de consciência de si, mas é na seção seguinte que se dará a reflexão sobre a descoberta e a prevalência de duas forças antagônicas presentes num mesmo ser, criado de uma única força: a dualidade entre bem e mal. A reflexão se dará no sentido da afirmação de que no Criador não pode haver duas forças e que na criatura residem as duas forças pela falta cometida na sua origem.

Será evidenciada a situação desse ser quando se vê diante da escolha para determinar o que quer seguir, o bem ou o mal; daí torna-se pertinente o seguinte questionamento: peca o homem por ter consciência do pecado ou pelo fato de em sua existência habitar uma lacuna predestinada que o levará aos avessos, ou seja, a cometer o mal?

Essa inquietação perdura na vida de Agostinho: "Não é de estranhar que eu me tenha deixado levar pelas coisas vãs para longe de ti, meu Deus, pois eu tinha por modelo somente homens que se sentiam consternados quando reprovados por terem cometido algum solecismo ou barbarismo ao expor boas ações" (AGOSTINHO, 1984, 36).

1.2. A dualidade entre bem e mal

Tendo visto que o homem exterior é reflexo do homem interior, refletir-se-á agora sobre o que se encontra e o que se manifesta nesse interior revelado pelo exterior. Um recurso às fontes conceituais pode dizer que para *bem* e *mal* se têm duas interpretações fundamentais ao longo da história da filosofia: a *metafísica* e a *subjetivista*. A metafísica compreende o mal como um não ser, ou o duplo sentido desse ser, já para o subjetivismo, o mal é coisa material negativa ou prognóstico negativo. Por outro lado, temos também as interpretações de bem: para a metafísica, o bem seria desejo ou aquilo que nos agrada, e é isso só nessa relação. O subjetivismo defende que o bem seria nossa intenção e consciência que propende à edificação da sociedade e a harmonia com o próximo. Agostinho manifesta da seguinte forma a dualidade desses conceitos:

> Amando a paz na virtude e detestando as discórdias no vício, notava unidade na primeira e certa divisão no vício: parecia-me que nessa unidade residia a alma racional, essência da verdade e do sumo bem, enquanto nessa divisão percebia o princípio da vida irracional e não sei que substância e que essência do sumo mal, que para mim – miserável! – era não somente substância, mas vida, embora esta não procedesse de ti, meu Deus, de quem provêm todas as coisas. À primeira eu dava o nome de mônada, enquanto inteligência assexuada; e díade à segunda, enquanto ira no delito e prazer no vício. Eu não sabia o

que dizia. Não sabia; de fato, não havia aprendido que o mal não é substância, nem é a inteligência bem supremo e imutável (AGOSTINHO, 1984, 98).

É notório perceber que uma concepção dualista desses conceitos está presente na cultura de diversos povos, mesmo nas primeiras civilizações. Ferrater Mora (1990, 2079) afirma certa relatividade em torno dessa questão, *"pois se supõe que o que se diz, a seu respeito depende das circunstâncias psicológicas, sociais, históricas, etc."* [1]. Com base nessa afirmação, pode-se concluir, então, que o homem se encontra no mundo para escolher fazer o bem ou o mal, segundo a situação decorrente de suas possibilidades.

Essa oposição diz respeito à afirmação dos maniqueístas, já mencionada, mas que se torna visível como a presença de duas substâncias antagônicas no mundo. Por essa razão Ferrater Mora salienta que nessa ideia há um equívoco, porque, de um Deus cristão, "onisciente, onipresente e onipotente"[2] – ou seja, de um Deus criador que tudo governa e tudo pode –, não poderia ser criada do nada uma criatura que não fosse uma criatura boa. Plotino diz que mal é ausência, falta do bem, mas identifica essa falta e privação do bem com a matéria criada por Deus. Do exame das coisas que o homem qualifica de más, Agostinho chega à conclusão de que o mal não pode subsistir por si mesmo, mas que deve existir em uma substância que, em si mesma, é boa:

> E o mal, cuja origem eu buscava, não é uma substância, porque, se fosse uma substância, seria um bem. E, na verdade, seria uma substância incorruptível e, por isso, sem dúvida um grande bem ou seria uma substância corruptível e, por isso, um bem que, de outra forma, não poderia estar sujeito à corrupção. Por isso, vi claramente como tu fizeste boas todas as coisas (AGOSTINHO, apud REALE; ANTISERI, 1990a, 455).

Isso leva a pensar que o mal é privação de uma perfeição que a substância deveria ter. Por isso, o mal não é realidade positiva, mas uma privação

---

1. Tradução do espanhol da citação de Ferrater Mora: "pues se supone que lo que se diga acerca de este depende de las circunstancias psicológicas, sociales, históricas, etc.".
2. Essas três noções referem-se a saber absoluto, a presença em toda parte ao mesmo tempo, e a poder ilimitado; todo-poderoso Deus.

da realidade. Pode-se, pois, definir o mal como *privatio boni*[3]. Assim, a causa do mal não pode ser Deus, pois, sendo o mal a privação de uma perfeição devida, Deus não pode ser seu autor, já que, ao fazer as coisas, Deus lhes dá tudo que lhes é necessário, todo ser lhes compete, "em ti o mal não existe de forma alguma; e não só em ti, mas em quaisquer criaturas tomadas em sua universalidade. Porque fora da tua criação nada existe que possa invadir ou corromper a ordem por ti estabelecida" (AGOSTINHO, 1984, 177).

Quando se refletiu anteriormente a respeito de um homem originado com uma lacuna e da falta que reside na criatura, afirmou-se que no Criador reside a totalidade. Dessa forma como poderia, com efeito, aquele que é a causa do ser de todas as coisas ser a causa do não ser?

Algumas correntes de pensamento defendiam a existência de seres inferiores ao Deus hebreu, conhecido como Eões[4], muitas das vezes relacionada à materialidade (natureza). A obrigação de o fiel desvincular-se de tudo o que é transitório estimularia as paixões. A prática ascética exacerbada afigurava-se num pseudomoralismo, visto que a ortodoxia em vigor, na época, na patrologia latina evidenciava a contingência encontrada na própria criatura e não em uma substância do mal.

Agostinho trata dessa situação na Cidade de Deus:

> Pois uma natureza jamais é um mal e esta palavra mais não designa que uma privação de bem. Mas da Terra até o Céu, do visível até ao invisível, há bens – uns superiores aos outros: tinham de ser desiguais para todos existirem. Mas Deus, que é um tão grande artífice nas coisas grandes, não o é menos nas pequenas, as quais se não devem medir pela sua grandeza (que é nula), mas segundo a sabedoria do seu autor. Assim, se se raspa uma só sobrancelha da face do homem, ao seu corpo bem pouco se tira, mas quanto se tira à sua beleza! – porque esta não consiste no tamanho mas na semelhança e proporção dos membros. Não é muito de admirar, com certeza, que aqueles que creem na existência de uma natureza má, proveniente de e

---

3. Essas três noções referem-se a saber absoluto, a presença em toda parte ao mesmo tempo, e a poder ilimitado; todo-poderoso Deus.
4. Expressão típica dos gnósticos; de maneira breve e simples pode-se dizer que há um reino de luz, que é o Deus bom, e o das trevas, que é o da matéria eterna. Entre o Deus-Abismo e o organizador da matéria, o Demiurgo, há um número incalculável de graduações, que se chama Eões.

propagada por algum princípio contrário, se recusem a ver na bondade de Deus, autor dos seres bons, a causa da criação – preferindo crer que Deus foi levado a criar esta grande mole do Mundo pela extrema necessidade de repelir o mal que contra ele se levantava (AGOSTINHO, 2000a, 1042).

A cosmovisão agostiniana rompe o caráter de uma realidade dissociativa de um Deus apenas metafísico que recuou a sua ação ao contemplar a tragicidade humana. Entretanto, Deus, ao infundir sua benevolência, se dá totalmente no dinamismo, na sua criação. A revelação que emana da sabedoria do "Ser" perdura no homem como forma de inquietação em busca do encontro na sua alma desencontrada. Evans coloca diante dessa oposição o laço de reencontro da metafísica e da história:

> Agora, confrontado pela erosão progressiva do Império Romano cristão por invasores pagãos, ele teve de passar da metafísica para a história, e a uma história mais que humana. A vasta escala do desastre sugeriria que uma malevolência mais que humana lhe subjazia. Existe malvadeza angélica aí. Devemos olhar para o começo do mundo para achar suas origens, e para os céus e para a terra ver seus efeitos (EVANS, 1995, 150).

Entendendo, portanto que a filosofia ao longo da história busca responder a essa problemática, caminhando assim nas determinadas áreas da metafísica, da ética, da antropologia, da cosmologia, Pitágoras já identificava essa dualidade ao afirmar que o par e o ímpar seriam os princípios básicos de uma certa harmonia no universo, que dessa oposição na natureza tudo se origina, "sendo cada coisa número – são o par e o ímpar, o limitado e o ilimitado, o pior e o melhor" (PADOVANI; CASTAGNOLA, 1990, 101). Todavia, essa compreensão dada pelos chamados pitagóricos leva a atribuir a esses dois elementos a origem, respectivamente, do bem e do mal. Já que os números são causa do Ser em tudo, nessa afirmação o pensamento aristotélico concorda com o dos pitagóricos; mas é específico dele postular uma dualidade em vez do único Ilimitado e fazer o Ilimitado consistir do Grande e do Pequeno.

Assim, têm-se as faculdades de operar determinando o caráter do que é bem e do que é mal. Esse concurso de circunstâncias se distingue por meio de uma divisão em dois ramos dos elementos; estes são preenchidos concomitantemente, permitindo que, ao expressar um desses elementos, obrigatoriamente se expresse aquilo que é devido de todos. Com isso, Agostinho concebe a realidade metafísica instaurada na metafísica aristotélica. É útil, nesse sentido, notar o que afirma Aristóteles:

> As relações metafísicas matéria-forma, potência-ato comandam a explicação aristotélica do homem. Assim, o objetivo primordial da investigação ética seria o de descobrir a causa verdadeira da existência humana. Num universo regido pela finalidade, aquela causa é vista, por Aristóteles, como a procura do bem ou da felicidade, que a alma alcançaria apenas quando exercesse atividades que permitissem sua plena realização (ARISTÓTELES, 1996, 21).

Esse trecho aristotélico faz refletir sobre a dualidade presente no mundo desde sua origem. São muitas as dualidades constituídas pelas duplas opostas limitado-ilimitado; ímpar-par; direito-esquerdo; macho-fêmea; repouso-movimento; reto-curvo; luz-trevas; bem-mal. Nessas dualidades está também incluída a expressão maniqueísta que com o passar da história se definiu nessas e em outras definições, sendo que na lógica do maniqueísmo um lado deve destruir o outro, porque entendiam que um era a luz e o outro era treva.

Porém o bispo de Hipona propugnava a ideia de que não pode ser Deus a origem do mal. Quando então teria entrado o mal no mundo, já que do nada só teria Deus criado uma coisa boa? Quanto a essa problemática, constata-se que para Agostinho a dificuldade não está na origem do mal, mas sim em sua manifestação: "o mal, portanto, teve um começo, sendo, pois, fenômeno histórico, afetando não o imutável e eterno, mas naturezas criadas mutáveis e os eventos em que elas estão envolvidas" (EVANS, 1995, 152).

Assim, vê-se como o Criador só pode ter criado do nada algo bom, pois o mal, não sendo substância, não pode ser nada; mal é uma privação da realidade, ou seja, ausência de algum bem. Dessa forma, quando se coloca essa situação, quer-se fazer do mal algo a que se possa fazer referência sem torná-lo algo cuja existência deva ser considerada casualmente. Aqui é possível chegar a duas questões: uma que remete a "nada", e outra a respeito da "ausência" do que por natureza primeira deveria existir no ser criado, por uma criatura perfeita. Se formos às fontes conceituais, entende-se por "nada" a não existência, ausência de quantidade, ou seja, o que não existe, então se o mal existe é porque acontece uma desordem mediante a ausência da criatura. A posição de Agostinho é fixada nesses conceitos. Contudo, a natureza do Criador é afirmada pelo autor da seguinte forma:

> De facto, afasta-se – não para o mal em si, mas de maneira má, isto é, não se inclina para naturezas más mas inclina-se mal por, contra a ordem da natureza, se separar do Ser Supremo para seres inferiores. Assim: a avareza não é vício do ouro, mas do homem que ama perversamente o ouro, pondo de parte a justiça que devia ser posta muito acima do ouro; [...] (AGOSTINHO, 2000a, 1097).

O problema não está na matéria. A criação como um todo orgânico é muito boa, aquilo de que a filosofia agostiniana trata é o grau de ser das coisas criadas. O homem deve *"utilizar"*[5] de maneira prudente a criação para desfrutar do divino numa escala de ascensão, que se entende como um desenvolvimento espiritual.

Deus como Criador de todas as coisas titula a verdade do ser, mas se constata que do nada todas as coisas foram criadas: "tu no princípio que procede de ti, na tua Sabedoria nascida da tua substância, do nada criaste alguma coisa" (AGOSTINHO, 1984, 343). A dúvida levantada com a afirmação anterior é a seguinte: como pode a causa do ser criar o não ser? Pode comparar alguma outra natureza à dele? Sob esse aspecto, é possível dizer que só pode ser mesmo da sua natureza; todas as outras coisas não podem ser o que ele é, e, sendo ele imutável e tendo criado todas as outras coisas do nada, nelas reside a mutabilidade. O próprio Agostinho salienta a grandiosidade do Criador, e qual é o lugar em que deve situar a criatura:

> Já me disseste, Senhor, com voz forte no meu íntimo, que és eterno, o único a possuir a imortalidade, pois nunca mudas nem de forma nem de movimento, e tua vontade não varia conforme o tempo, pois uma vontade mutável não

---

5. "Utilizar", do latim "Uti": trata-se de um importante conceito agostiniano, segundo o qual se deve utilizar o objeto de que se faz uso para obter o objeto que se ama, caso tal objeto mereça ser amado. Ao uso ilícito cabe, com maior propriedade, o nome de excesso ou abuso.

pode ser imortal. Este fato me é claro diante de ti. Peço-te que me seja sempre mais claro. Que sob as tuas asas eu permaneça sempre, sempre atento a esta revelação. Também me disseste, Senhor, com voz forte aos ouvidos da alma, que todas as naturezas e substâncias que não são o que és, mas existem, foram criadas por ti. Só o nada não provém de ti, nem os movimentos das vontades tendentes a se afastarem de ti – que existes – para irem rumo aos seres inferiores. Esse afastamento, com efeito, é pecado, e não há pecado que possa prejudicar-te ou perturbar a ordem de teu império, seja nas criaturas mais altas, seja nas ínfimas (AGOSTINHO, 1984, 346).

Faz-se claro, portanto, o que Agostinho diz nessa passagem sobre o ser imutável e verdadeiro; assim, para explicar as coisas mutáveis, o autor certamente é obrigado a encarar o problema do nada. Ele estudou essa questão partindo de uma visão ontológica, pois para ele seria difícil igualar Deus a nada. Toda a consideração visa até aqui conduzir ao que vai ser abordado na próxima seção, ou seja, a origem do mal, e a dualidade existente entre o bem e o mal e sua ligação com a relação entre Criador e criatura. Baseando-se nas análises feitas até aqui, será apresentada esta problemática: "O que és, portanto, meu Deus? O que és, pergunto eu, senão o Senhor meu Deus? 'Quem és, pois, senhor, senão o Senhor? ou quem é deus, senão o nosso Deus?'" (AGOSTINHO, 1984, 17).

1.3. A relação "Criador e criatura"

Deus fez com sua criatura uma aliança ao lhe atribuir sua sapiência, revelando-a pelas palavras, pelas quais o homem passa a ordenar e nomear a sua criação, e, depois de instituídas, possibilitando ao homem viver em plena liberdade. A ideia cosmológica de Agostinho o conduz a um estado de ser privilegiado que, ao assumir o Verbo como distribuição do seu Ser, quer aplicar a justa compreensão do entendimento e contemplar a razão do homem interior, que está revelando-se no processo do homem exterior por meio das palavras.

É preciso ainda fazer constar que as palavras servem ao homem para aprender e ensinar, pois aí se encontra a grandiosidade pedagógica que conduz a expressão da palavra como linguagem que se apropria do mundo. Assim, transparece de forma imediata um pensamento exterior do sujeito que fala. Contanto, a fala expressa a seguinte situação: "Aquele que, falando por fora, avisa que habita dentro de nós; Aquele que, pela sua graça, hei de amar tanto mais ardorosamente quanto mais eu progredir no conhecimento" (AGOSTINHO, 1987, 324). Porém alguns homens podem ser instruídos sem sinais a respeito de algumas coisas, se bem que não sobre todas, pois nós falamos enquanto intimamente recordamos ao pensar as próprias palavras em nossa mente.

Agostinho questiona-se:

Quem me fará descansar em ti? Quem fará com que venhas ao meu coração e o inebries a ponto de eu esquecer os meus males, e me abraçar a ti, meu único bem? Que és para mim? Tem misericórdia, para que eu fale. Que sou eu aos teus olhos, para que me ordenes amar-te e, se eu não o fizer, te indignares e me ameaçares com imensas desventuras? Como se o não te amar já fosse desgraça pequena! Dize-me, por compaixão, Senhor meu Deus, o que és tu para mim? (AGOSTINHO, 1984, 18).

Considerando toda a reflexão anterior, seus significados, na dualidade entre bem e mal, agora se compreenderá a relação necessária que tem a criatura com o absoluto. Isso se constata uma vez que, à medida que o homem tenta agir por sua potência, ele decai no abismo do mal. Daqui depreende-se que a razão só encontra repouso no depósito da revelação da fé, na correspondência do amor pelo qual se está ligado a Deus. O mal não provém de Deus, Deus não poderia criar o mal, pois negaria a si mesmo: "ao criar do nada as coisas modeladas por suas ideias, Deus conferiu-lhes o ser; não, certamente, toda a plenitude do ser, que só nele existe, mas apenas uma certa participação" (GILSON, 2000, 179).

Assim, o homem participando, então, do ser divino possuiria em si, parcialmente, as qualidades divinas do seu Criador, ou seja, se Deus é o Bem, logo no homem também residiria a bondade. Note-se o que o comentador ainda escreve sobre essa questão: "Só Deus merece um amor ilimitado, com o fim de repousar nesse objeto por excelência do amor, e de fluir somente Nele, é mister pormos limites ao nosso amor a outros objetos, consoante o valor de cada um deles" (GILSON, 2000, 194).

Examinando a história da humanidade, vê-se que o homem, desde sua origem, buscava resposta sobre a existência do mal, sendo que o tema do mal em Agostinho é verificado como ponto primordial que se encontra na personalidade do próprio homem. Assim, é necessária uma análise para averiguar os tipos de relações existentes entre a vontade humana e a origem do mal e, dessa maneira, buscar uma nova resposta do problema moral, e não metafísico. Partindo de uma visão do mal centrada na criatura, Evans afirma:

> O mal é "criação" de uma criatura, nascida do abuso da vontade por parte do homem e dos anjos decaídos. Não passa de mera mordida de mosquito e não é doença horrorosa que deforme o universo. Uma visão do problema centrada no homem torna o mal muito menos importante do que uma visão do problema centrada em Deus. É explicação pautada pelo otimismo. A confiança de Agostinho cresceu ao ver claramente as implicações da ideia de que mal procede só da vontade (EVANS, 1995, 13).

É possível perceber um sistema de carência que se dá na aparência do ser humano; este é coagido por uma explicação racional, na qual procura suas respostas em si mesmo e que é desvinculada do seu Criador. E, ao não usar a própria razão para entrar em sintonia com a sua essência que vem de Deus, perde a condição de encontrar-se. Esse ser, não se reconhecendo como criatura de Deus, se distancia dessa perfeição. Para que se compreenda o valor do raciocínio no ser, Evans propõe uma reflexão de Agostinho quando identifica na criatura a razão como puro conhecimento da verdade que habita no ser Criador:

> Raciocinar é o processo de julgamento na mente. É, conforme Agostinho o define no *De Ordine*, uma operação mental capaz de distinguir as coisas aprendidas e juntá-las de maneira apropriada. São raros os indivíduos capazes de usar da razão como guia ao conhecimento de Deus ou da alma eficazmente sem ajuda divina (EVANS, 1995, 191).

A partir dessa constatação é possível afirmar, segundo Agostinho, que o mal provém do intelecto particular. Nesse sentido, Agostinho resgata a lei da vida como sentido e significado de correspondência para mostrar a relação entre as condições particulares da vivência intelectiva dos indivíduos para viver a moralidade e a lei civil. Agostinho denomina de moralidade o critério das simples relações da convivência humana como leis práticas. Essas leis irão resultar em leis universais que serão instituídas com caráter de leis civis.

Essas leis são justas em uma instância de juízo racional que satisfaz a relação assumida entre os homens, impedindo-os de praticar atos maus. Por essa razão, Agostinho evidencia: "Afigura-se pois, não só que essa lei, que se escreve para reger o povo, com razão permite tais actos, mas também que [com razão] os castiga a Providência" (AGOSTINHO, 1990, 35). Aqui se percebe uma dualidade entre leis eternas e leis temporais; certamente as ideias do autor sobre essas duas categorias de leis têm a lei divina como referência primordial, que conduzirá a vida humana sob as leis temporais.

É necessário registrar que essas duas categorias de leis estão separadas por um abismo que o próprio Agostinho assinala: "Estás certo de que vives?" (AGOSTINHO, 1990, 41). Essa pergunta tem uma intenção provocativa que quer instigar no coração humano um grau ético da sua responsabilidade para com o mundo. A cosmovisão resgatada pelo autor requer uma análise profunda do homem, com o intuito de que ele venha se posicionar diante da natureza, dos animais e de si mesmo.

O caminho apresentado resgata uma classificação da ordenação das leis temporais, que deveriam advir apenas da natureza, até desembocar em direção às leis eternas, que se assemelham às divinas, enquanto as leis naturais são condicionadas pelos mecanismos externos e internos apenas pela *anima* dos impulsos sensitivos da própria natureza instintiva. As leis eternas, no plano humano, são flexionadas pelo sublime pensamento de elevação da consciência, sendo que esta só se apresenta no homem. Presente motivado não apenas pelo estado de *anima*[6], mas pelo estado de *animus*[7]. Para melhor compreensão desses estados de leis, exemplifica Silveira:

---

6. O termo "anima", na filosofia da Antiguidade, refere-se à alma como designação genérica da vida, ou princípio vital, seja o das plantas, o dos animais ou o do homem. O vocábulo prestava-se a graves equívocos, por serem de natureza especificamente diversas essas três modalidades de vida.
7. A palavra "animus" refere-se à razão, que indica o uso, pelo homem, do intelecto como elevação da consciência em forma de lei, que, sob influência de Cícero, Agostinho usa frequentemente na obra O *livre arbítrio* e em outras para afirmar a integridade do homem diante da natureza.

Pela sua contínua valoração do mundo, o homem é apto a fazer a história (que é o constructo dos valores no decorrer do tempo), assim como é "capaz de Deus", de acordo com Agostinho, sendo partícipe da Sua bondade. Um animal irracional, como o cachorro, tem as mesmas possibilidades de interação com o mundo hoje, [...] sendo a sua abertura para a compreensão do real incomensuravelmente menor que a do homem, cujo espírito, para Santo Agostinho, traz vestígios da Trindade pela luz eterna que nele resplandece e o torna capaz de realizar, com excelência, três coisas: entender, recordar e amar (SILVEIRA, 2005, 10).

Essa questão se revela extremamente complexa, pois os homens que vivem associados por uma lei sabem realmente que a vivem, e essa condição os diferenciou dos demais animais; no entanto, só o homem é capaz de refletir sobre si mesmo. Essa lei o identifica com o Espírito. Segue-se disso que, não tendo os animais na ordem da natureza o sentido e o significado da vida como lei de percepção que confere em si mesmo a experiência do lugar e do tempo, eles ficam subordinados ao simples viver; o homem, tendo o contrário dessa relação caótica com a natureza, sobressai pelo estado de *inteleccionas*, ou seja, por sua capacidade reflexiva que eleva a um estado de ciência, isto é, a viver na mais nobre e perfeita contemplação de si, graças à mesma luz do espírito. Nesse sentido pode-se entender a afirmação de Gilson:

> O ser imagem de Deus é privilégio exclusivo da alma humana. Diz a Escritura que Deus formou o homem à sua semelhança. Ainda que toda criação se assemelhe de certo modo a Deus, a dignidade de imagem propriamente dita é apanágio do ser humano; e neste, só no espírito ou na "mente". Pois é mediante o espírito ou a mente que a alma se abre diretamente para Deus, e dele se torna capaz (GILSON, 2000, 184).

Isso somente confirma a máxima agostiniana:

> O homem supera o mundo dos animais, domina e comanda tudo o mais de que o homem consta; então o homem está conformado segundo a norma absoluta da ordem; dê-se embora [a tal potência] o nome de mente ou o de espírito, ou com mais justeza um e outro, pois um e outro se encontram nos Livros Sagrados (AGOSTINHO, 1990, 46).

Diante disso, uma das questões mais problemáticas em relação ao reinado da mente humana é que a mesma razão da virtude se faz escrava das paixões. Contudo, a condição que subordina a mente é a vontade e o livre-arbítrio, porque o homem, por meio do desejo pelo conhecimento, deixa-se às vezes ludibriar. Com efeito, a condição do livre-arbítrio traz ao ser humano as contradições para a mente, tomando de forma imediata as falsidades por verdades e vice-versa. Nessa oscilação o homem está confinado a uma dualidade de escolha entre a luz da inteligência e a condição cotidiana, que subjaz em seu ser para decair ao estado das paixões. Dessa feita surge o seguinte discurso do platonismo:

> Cada um possui a faculdade de aprender e o órgão destinado a esse uso e que, semelhante a olhos que só poderiam voltar das trevas para a luz com todo o corpo, [...] afastar-lhe com toda a alma do que se altera, até que se torne capaz de suportar a vista do Ser e do que há mais luminoso no Ser (PLATÃO, 2000, 229).

Essa prisão do homem, sob a conduta das paixões, coloca-o em um plano material pelo qual a razão, fruto do Espírito, transcende a busca de uma *sapientia* que compreende a sua infinitude, porém decai nos limites do seu fim atrelado às paixões materiais.

A boa vontade é cultivada pela conquista do próprio homem, pela condição inata da razão como possibilidade de que ele venha a cultivar o Espírito de sabedoria.

Esse argumento é evidenciado por Bornheim:

> Nós não vemos a verdade apenas por Deus, mas a vemos em Deus. Com as palavras do próprio Agostinho: "Deus é a luz inteligível na qual e a partir da qual e pela qual se iluminam todas as coisas para a inteligência". É na Verdade divina que podemos conceber verdades em nós. Evidentemente, não se trata de uma visão direta do divino: o homem não pode desembaraçar-se da sensibilidade. O problema fundamental, contudo, não está em saber como é entendida a visão na Verdade divina; o que interessa é que essa visão se torna a medida exclusiva da verdade. Nesse sentido, afirma o autor: "Com os olhos da alma vemos nesta eterna Verdade [...] uma forma que é modelo de nossa existência e de tudo o que obramos em nós e nos corpos quando olhamos segundo a verdadeira razão; por ela concebemos uma

noção verdadeira das coisas". Para obtermos uma noção adequada das coisas devemos saber olhar segundo a verdadeira razão (o que lembra o conceito de *orthotès* – o ver de modo reto, corretamente – de que fala Platão no mito da caverna). Dessa forma, a noção verdadeira das coisas é medida pelo Ser, e o que cai fora do Ser ou [...] concebemos a verdade na luz da Verdade divina, estabelecendo-se, assim, uma dependência metafísica total do intelecto humano em relação ao intelecto divino. Visto que o ser e a verdade vêm de Deus, os entes finitos só são inteligíveis na medida em que participam de Deus (BORNHEIM, 2001, 56).

Para cultivar a boa vontade titulada no próprio Ser criacional, faz-se necessário, segundo Agostinho, que o homem na sua intenção possa discernir as chamadas virtudes cardeais – a prudência, a fortaleza, a temperança e a justiça –, para assim efetivar de forma concreta o conhecimento e a sabedoria que tem de si mesmo. Agir com prudência é averiguar pelo conhecimento o que se deve buscar diante da condição de ser livre. Nesse sentido, o indivíduo cria um estado de fortaleza, pois conhece aquilo que escolheu, e afirma a sua força naquilo que sabe como bem em si mesmo; por sua vez, sabendo da sua ação, age com temperança, eliminando suas paixões[8]. Vê-se por aí também que a vivência dessas três virtudes eleva no interior do homem um resgate de sabedoria, que o conserva no estado da boa vontade, ou seja, em um estado de justiça. Essa quarta virtude revela ao ser humano a capacidade de superar as paixões e afirmar uma vida venturosa.

Em ato, o homem justo sabe discernir uma vida venturosa e louvável – tendo como guia a razão – da vergonha imediata que satisfaz simplesmente as suas paixões. Por isso, está reservada na memória a conduta da boa vontade pela qual o homem pretende viver reta e dignamente. Podemos endossar tal ideia por meio dos dizeres de Agostinho:

Se esta vontade, igualmente com boa vontade a amamos e abraçamos, e bem assim a antepomos a todas as coisas que não podemos conservar [só] pelo fato de o querermos, consequentemente, como raciocínio nos mostrou, no

---

8. O conceito agostiniano de "paixão" é traduzido por concupiscência, no sentido de grande desejo de bens ou gozos materiais, isto é, trata das paixões descomedidas a que Agostinho quer se referir.

nosso espírito habitarão aquelas virtudes, cuja posse o mesmo é que viver reta e dignamente (AGOSTINHO, 1990, 64).

Essa citação leva a refletir sobre o motivo de nem todos os homens conseguirem a desejada felicidade, já que nem todos os homens exercem a prática dessa vida venturosa. Alguns preferem a vontade infortunada; assim decaem na diminuição da estima, adquirindo a má vontade. Nesse sentido, é possível a afirmação de Agostinho que menciona o sentido da lei eterna como princípio que é vontade, pela qual o homem escolhe sua liberdade de viver no amor ou de subestimar esse amor, isto é, Deus, o Sumo Bem.

2. O conceito de livre-arbítrio

Como foi visto, é na relação entre vontade humana e liberdade que se concentra a discussão da obra *O livre arbítrio*. Os anseios filosóficos dos pensadores provenientes da tradição helenística concentravam-se no conhecimento verdadeiro como elemento preponderante no caminho da virtude. Porém ignoraram aquilo que a ética cristã considerou fundamental no caminho da felicidade, a saber, o pecado.

Agostinho foi o filósofo que sistematizou a teologia do pecado ou mal moral no período patrístico, como se verá de forma pormenorizada na seção a seguir.

2.1. O mal como perversão da vontade

Nota-se que a reflexão sobre a origem do mal tem sua declinação, principalmente, no ser criado que velou a sua liberdade pela escolha da livre vontade inserida na dualidade entre o bem e o mal. Enfatiza-se também, por meio desse processo, a relação existente entre Criador e criatura. Por isso, Agostinho compreende que Deus é o Sumo Bem, e a criatura é o indivíduo avarento condenado à maldição eterna e que só se coloca novamente em bom estado contemplando a graça divina.

Diante da realidade antropológica do homem, Pessanha (1987) afirma que o caminho da investigação agostiniana centraliza no homem uma departamentalização de três definições das faculdades da alma, ou seja, a memória, a inteligência e a vontade, sendo que, dessas três faculdades, Pessanha vê na vontade a mais importante, pois constitui o centro da personalidade humana. Assim, para compreender a ação da vontade, é preciso investigar o que seja o homem.

Segundo os estudiosos, só é possível entender o homem partindo de seu interior e considerando a causa final de sua existência. Nesse percurso encontra-se um ponto de apoio do pensamento agostiniano em Mondin, quando na obra *O homem, quem é ele* dá uma explicação dessa realidade[1].

Daí parte, essencialmente, o homem considerado na antropologia filosófica como o *"homo volens"*[2], pois, uma vez que ele é um ser-no-mundo, ser mutável, possui um dinamismo e seus movimentos dependem de fatores externos, assim como de suas decisões; ele escolhe entre fazer o bem ou fazer o mal, ama porque quer, vive do jeito que a consciência lhe permite. É essa capacidade de autodeterminação, de querer, que caracteriza o ser com toda liberdade originada do seu Criador.

---

1. Essa explicação aparece no contexto da antropologia de Max Scheler, que evidencia: "Em certo sentido todos os problemas fundamentais da filosofia podem reconduzir-se à questão seguinte: o que é o homem e que lugar e posição metafísica ele ocupa dentro do ser, do mundo, de Deus. Daí a importância da filosofia: Se há um problema filosófico cuja solução é requerida com urgência pela nossa época, este problema é o da antropologia filosófica. Entendo por isso uma ciência fundamental acerca da essência e da estrutura da ética do homem; da sua relação com os reinos da natureza e com o princípio de todas as coisas; de sua essencial origem metafísica e ao seu início físico, psíquico e espiritual no mundo; das forças e potências que agem sobre ele e aquelas sobre as quais ele age, das direções e das leis fundamentais do seu desenvolvimento biológico, psíquico, espiritual e social, considerada nas suas possibilidades e realidades essenciais" (MAX SCHELER, apud MONDIN, 1980, 7).

2. "Homem de vontade", "Homem de decisão" são expressões comuns na nossa linguagem para designar um tipo ideal de homem. Todavia, vontade, decisão, caráter e liberdade não são qualidades que se acham somente em poucos homens excepcionais, mas pertencem ao homem como tal. Ele, além de dotado de somaticidade, de vida e de inteligência, se nos apresenta também dotado de vontade.

2. O CONCEITO DE LIVRE-ARBÍTRIO

Em Agostinho a vontade é criadora e livre, nela há a possibilidade de a criatura afastar-se do Bem Supremo e imutável e o livre-arbítrio é um bem médio, em decorrência do seu uso destinado para um bem inferior a Deus. Todavia, é necessário afirmar que não é um mal em si. O ideal do autor seria um processo de adesão ao Bem imutável e universal, mas nem sempre isso ocorre, sendo que a beleza do Criador está em deixar o homem escolher, mesmo que a escolha vá de encontro ao Criador. Nesse sentido, Platão já afirmava:

> O presente discurso demonstra que cada um possui a faculdade de aprender e o órgão destinado a esse uso e que, semelhante a olhos que só poderiam voltar das trevas para a luz com todo o corpo, esse órgão deve também afastar-se com toda a alma do que se altera, até que se torne capaz de suportar a vista do Ser e do que há de mais luminoso no Ser (PLATÃO, 2000, 229).

Retomando a questão dos maniqueus, que fazem do mal não apenas uma realidade, mas um princípio da substancialidade do mundo, pode-se evidenciar que Agostinho chegou à tese oposta ao afirmar que a negação total da realidade ou substancialidade do mal é apenas a sua redução à defecção da vontade humana diante do Ser[3]. Logo, o mal não é realidade ontológica no homem, dado que é deficiência, não escolha, não decisão. Ora, o pecado consiste, como se viu, na deficiência da vontade que renuncia ao Ser e se entrega ao que é inferior. Assim ressalva Agostinho aos maniqueus:

> [...] aqueles que, observando em todas as decisões a existência de duas vontades, afirmam a existência de duas almas com duas naturezas diversas, uma boa e outra má. São realmente maus os que sustentam essa tese má. Somente serão bons quando pensarem de acordo com a vontade e aceitarem a verdade [...].
> Enquanto desejam ser luz em si mesmos e não no Senhor, julgando ser a natureza da alma idêntica à de Deus, tornam-se trevas cada vez mais densas. Em sua espantosa arrogância, afastam-se cada vez mais de ti, que "és a luz

---

3. "Homem de vontade", "Homem de decisão" são expressões comuns na nossa linguagem para designar um tipo ideal de homem. Todavia, vontade, decisão, caráter e liberdade não são qualidades que se acham somente em poucos homens excepcionais, mas pertencem ao homem como tal. Ele, além de dotado de somaticidade, de vida e de inteligência, se nos apresenta também dotado de vontade.

39

verdadeira que ilumina todo homem que vem a este mundo". [...] Quando deliberava servir desde logo ao Senhor meu Deus, como há muito tempo já pretendia, era eu quem o queria, e ao mesmo tempo era eu quem não o queria: sempre eu. Não tinha uma vontade plena, nem decidida falta de vontade; daí a luta comigo mesmo, deixando-me dilacerado. Essa divisão se produzia contra a minha vontade, embora isso não demonstrasse a existência em mim de outra alma, e sim o castigo da minha própria alma. Não era eu que praticava a ação, mas o pecado que habitava em mim, punição de um pecado livremente cometido enquanto filho de Adão (AGOSTINHO, 1984, 209).

As vertentes da vontade se manifestam no homem pela capacidade de escolher a sua liberdade, mas essa capacidade encontra-se presa pela opção de decidir o que irá assumir. Essa visão abarca os limites da grande falta encarnada na natureza humana [como a originária de Adão], porque, ao mesmo tempo, alimenta as experiências do ser desejado pela conquista insaciável do ser desejante, isto é, o homem como fato vivencial não esgota a compreensão da realidade, porém projeta por si mesmo a conquista da sua afirmação pelo mesmo potencial que lhe garante o seu ser no mundo. Essa vitalidade afirma que o seu testemunho encontra o porto seguro no repouso do Sumo Bem. Com isso, Agostinho não afirma um estado de passividade do eterno manifestado no homem, mas o coloca na posição daquele que recebeu o depósito histórico das verdades reveladas. Por isso ele não precisa questionar sua causalidade, mas simplesmente autocriticar o percurso das incertezas contidas no caminho das verdades fundamentais vindas das ideias de adequação que emergem da própria sabedoria.

Essa redescoberta do intelecto humano mantém por adequação uma correspondência com o divino, por meio da crença daquilo que se deduz como verdade para o intelecto. Nesse caso, a razão seria apenas a mediadora que, investigando no escuro as condições do livre-arbítrio pelo intelecto, revelaria a vontade essencial da luz que nos oferece a plenitude da verdade, "verdade de Deus", "Bem eterno".

Todavia, mesmo no obscuro o homem só sustentaria o conhecimento porque é a crença que institui a possibilidade da fé e daquilo que nela se revela[4].

---

4. Para melhor esclarecer a concepção de liberdade em Agostinho, considere-se o argumento do teólogo André Steiger a propósito, quando, a nosso aviso, o autor entra

O mal se manifesta na criatura de duas formas: sofrimento e culpa. Essas duas formas estão em estreita relação entre si: a causa do sofrimento é a culpa. Ora, o responsável pela culpa é o homem. Em que consiste a culpa? Em submeter-se à razão humana, à paixão, em desobedecer às leis divinas, em afastar-se do Bem Supremo. Quando um homem se afasta do Bem imutável e se volta para o bem particular, inferior, peca, e nisso consiste o mal. Isso não quer dizer que as coisas para os quais a vontade se volta quando peca sejam más em si mesmas (não existe realidade ontologicamente má); o mal consiste em cair, em dar as costas (*aversias*) ao Bem superior, ao Bem imutável. E de onde vem esta *adversio*? Da liberdade: fazemos o mal pelo livre-arbítrio da vontade.

Sendo assim, a liberdade é realmente um bem?

Sem dúvida, responde Agostinho. Ela é um bem da maior importância, porque é condição da moralidade. Na apresentação à obra de Agostinho *A natureza do bem*, Silveira discorre sobre o sentimento de culpa que há no ser criado e sobre o que se pode entender por esse sentimento de ofensa e de necessidade da Graça:

> O chamado sentimento de culpa nasce da consciência efetiva da responsabilidade humana. A culpa não é uma atitude adolescente originária da fraqueza de um ser incapaz de reagir às pressões do meio social, mas o signo da personalidade madura: saber identificar como e quando agiu mal, e suportar o quinhão que lhe cabe. No horizonte humano, a eliminação da culpa representa a radical perda do senso de proporções da realidade. Triste é observar alguém cometer uma barbaridade e, para se desculpar, justificar-se das maneiras mais irracionais ou torpes! Naquilo que se poderia chamar de patologia da desculpa, que o nosso tempo alimenta formidavelmente, não raro se encontra o que a tradição cristã chama de soberba, causa de tantos

---

em sintonia com Agostinho, referindo-se ao homem como possuidor de um espaço de liberdade: "A liberdade é um estado imposto ao homem pela natureza; para exercê-lo, o homem dispõe de um instrumento, a 'inteligência', e de um utensílio, a 'vontade'. Em outras palavras, o homem não escolhe ser livre. Ele é livre por natureza. É coagido à liberdade. É à liberdade e à consciência que ele deve o fato de ser homem, e não macaco. O termo 'inteligência' provém do latim clássico: *intelligere*, 'compreender'. Etimologicamente o verbo *intelligere* significa 'escolher entre'... É talvez a definição mais exata da inteligência. A cada instante o homem vive a situação de 'dever escolher'. Sua inteligência faz uma escolha contínua, um cálculo permanente mais ou menos consciente das probabilidades, até um discernimento quase intuitivo, quase imediato" (STEIGER, 1998, 61).

males – sobretudo quando a desculpa de uma pessoa pela má ação praticada vem acompanhada da acusação da culpa alheia. [...] Eliminada a culpa, não há possibilidade de arrependimento, a que só um espírito ciente dos seus erros pode chegar (SILVEIRA, 2005, 14).

Se a ação humana fosse livre, não poderia ser aprovada nem desaprovada, seria simplesmente ação humana e nada mais. Só quando há liberdade é que se pode falar de bem e de mal, mas Deus não poderia fazer um universo no qual o mal não estivesse presente? Não seria um universo melhor? Pode-se dizer, então, que o mal é necessário e que faz parte da ordem divina? Agostinho diz que nem o pecado nem os pecadores são necessários à perfeição, mas as almas enquanto são as almas, enquanto são tais que, se querem, pecam e, se pecam, tornam-se infelizes.

O sofrimento é a consequência da culpa. Depois da culpa, o homem está cheio de temores, desejos, ansiedades. Atormenta-se pelo remorso quando deixa de ser fonte de alegria; afadiga-se para conseguir o que não tem; quando ofendido, procura vingar-se; é atormentado pela ambição, pela inveja, por uma infinitude de paixões, e tudo isso por ter abandonado a sabedoria, por não aderir à ordem: "os pecadores, que pelo pecado saíram da ordem, tornam à ordem mediante o castigo. Como esta ordem não corresponde à sua natureza, chamamo-la pena; mas, por ser o que cabe à culpa, dizemo-la justiça" (AGOSTINHO, 2005, 11). Nesse sentido, Evans comenta:

> Existe o mal que o homem faz e o mal que o homem sofre. Podemos postular que Deus é a fonte do segundo quando ele justamente inflige castigos justos. Estes dissabores são bons para nós. Eles restituem as coisas à ordem. Não existe razão alguma para supor que Deus não possa ser seu autor, mas o que devemos dizer da fonte do primeiro? Agostinho acredita que não existe somente uma fonte, pois todo homem é individualmente o autor de suas próprias ações más. O mal não pode ocorrer sem autor ou fonte (EVANS, 1995, 170).

Assim, pode-se entender que o sofrimento é a punição para o pecado que o homem desde sua origem o cometeu, na queda e depois dela. Alguns desejos o afastam do Bem imutável e outros o aproximam. Na próxima seção será abordada a relação entre a vontade e o intelecto humano no processo de ascensão, do conhecimento da verdade.

2.2. A existência de Deus: Deus é a verdade

O ponto de partida para a compreensão desta seção é a seguinte passagem: "No homem, a consideração sobre o mal se insere em uma antropologia que reconhece (e aceita) dois aspectos da natureza humana: a aptidão do intelecto para o conhecimento da verdade, e a tendência da vontade para o bem" (SILVEIRA, 2005, 8).

Dessa afirmação compreende-se que, no ser humano, o conhecimento intelectivo é formado pela competência de julgar e de raciocinar; porém, se a verdade fosse constituída da mesma natureza que é formada a faculdade de conhecer, estaria ela também submetida a uma série de transformações pelas quais passa um ser. Julga-se o conhecimento por meio da verdade, sendo que não se deve submeter a um prognóstico a própria verdade, pois o intelecto terá uma maior capacidade de entendimento quando conseguir entrar em contato com a verdade eterna e imutável. Por isso, o homem consegue chegar ao Bem Eterno orientado pelo intelecto e pelo princípio misterioso do Ser na busca incessante da verdade:

> Discernindo entre o verdadeiro e o verossímil, chega à conclusão de que a verdade é imortal e pressupõe uma consciência absoluta e eterna – que não é a humana, mas a de Deus. Para Agostinho, a verdade *é o que é*, independentemente de quaisquer subjetivismos, porque, antes de o homem pensar, estão postas as coisas diante dele, *não como ele as quer, mas como elas são.* Esse objetivismo ontológico reclama um reino inteligível e exemplar. Assim, a verdade que se chama lógica tem os seus fundamentos ontológicos e teológicos. Encontra-se, nesta humilde aceitação agostiniana de que existem coisas além e independentes da mente humana, o gérmen do famoso conceito tomista de verdade como adequação, ou seja: conformação do intelecto às coisas como elas são (*adequatio intellectus rei*)[5] (SILVEIRA, 2005, 15).

---

5. Para melhor esclarecer a concepção de liberdade em Agostinho, considere-se o argumento do teólogo André Steiger a propósito, quando, a nosso aviso, o autor entra em sintonia com Agostinho, referindo-se ao homem como possuidor de um espaço de liberdade: "A liberdade é um estado imposto ao homem pela natureza; para exercê-lo, o homem dispõe de um instrumento, a 'inteligência', e de um utensílio, a 'vontade'. Em outras palavras, o homem não escolhe ser livre. Ele é livre por natureza. É coagido à liberdade. É à liberdade e à consciência que ele deve o fato de ser homem, e não macaco. O termo 'inteligência' provém do latim clássico: *intelligere*, 'compreender'. Etimologicamente o verbo *intelligere* significa 'escolher entre'... É talvez a definição mais exata da inteligência. A cada instante o homem vive na situação de 'dever escolher'. Sua inteligência faz uma escolha contínua, um cálculo permanente mais ou menos consciente das probabilidades, até um discernimento quase intuitivo, quase imediato" (STEIGER, 1998, 61).

A verdade se encontra no interior do ser humano, e, alcançando a verdade, o homem certamente alcançará Deus. Para Agostinho a prova por meio do raciocínio da existência da Verdade coincide com a demonstração da existência de Deus, pois o ser assimila todas as coisas do exterior para o interior humano, e, assim, descobrindo a Verdade que se encontra no seu interior, contempla o Princípio de toda verdade, que é o próprio Deus.

Surge, então, a seguinte questão: será a verdade igual a *sapientia*? É possível identificá-las como sendo a mesma coisa, pois estão de forma sublime na capacidade racional. Segundo Agostinho, o afastamento do homem dessas duas condições é gerado quando a sua vontade é pervertida e fica subordinada ao nível dos bens inferiores.

Essa evidência dos bens inferiores revela que o homem, ao aplicar um juízo sobre o mundo, atribui sempre um querer. No entanto, esse querer alcança um nível de verdade, ou de *sapientia*. Portanto, verdade e *sapientia* estão presentes nesse juízo, mas não conectam o mesmo sentido de identidade, pois a palavra que faz a intermediação do grau de *sapiense* e verdade é fragmentada em nível particular que não recebe a integração de significado para que todos compreendam.

Desse ponto pode-se inferir que todo juízo racional aplicado pelo homem é um bem; com efeito, os níveis de atingimento da verdade modificam o grau da própria *sapiense*. Essa realidade expressa que todo o homem é um ser de *sapiense* e verdade. Porém nem todos conseguem desempenhar as vias que chegam à verdade, pois a verdade emana das palavras, e estas adquirem um valor universal que unifica e identifica a verdade em si. Exteriormente podemos dar a entender que a verdade recolhe o ser das coisas e as conserva como elas são. Por essa via, segundo Reale, podemos contemplar a verdade e a *sapiense* sempre terna. Esse atributo vem do seguinte juízo:

> Não busques fora de ti [...]; entra em ti mesmo. A verdade está no interior da alma humana. E, se achares mutável a tua natureza, transcende-te a ti mesmo. Deves notar, porém, que, transcendendo-te a ti mesmo, tu estás transcendendo a alma raciocinante, de modo que o termo da transcendência deve ser o princípio onde se acende o próprio lume do raciocínio. E, efetivamente, onde chega um bom raciocinar senão à verdade? A verdade não é algo que se constrói à medida que o raciocínio avança; ao contrário, ela é um termo prefixado,

uma meta na qual nos detemos depois de ter raciocinado. Nesse ponto, um perfeito acordo final conclui tudo: sintoniza-te com ele. Convence-te de que não és tu o que é a verdade: a verdade não busca a si própria, mas és tu, distinto dela, que a buscas – naturalmente, não no espaço sensível, mas com sensação da alma; e eis-te junto a ela, para que o homem interior una-se ao próprio hóspede interno, em um transporte de felicidade máxima (REALE; ANTISERI, 1990a, 440).

Após essa exposição, é possível perceber que tudo o que é bom e perfeito vem de Deus, e que realmente Deus existe. Essa existência de Deus é atemporal, *sapiense* total que ao mesmo tempo é manifestada em nossa mente como grau de *sapiense* subjugada ao movimento contingente que varia na escala de dualidade a que estamos obrigados a reconhecer o justo e o injusto, o prudente e o imprudente no próprio movimento da vida. Essa tendência agostiniana torna presente o sumo Bem, que gera a intelecção e prova que o sumo Bem não pode ser causa do mal. Porém o mal fica detectado no próprio movimento da escolha humana. Entretanto, a noção de sapiência é um estado inerente ao espírito humano.

A verdade de Deus, Ser divino não dispensa o homem de ter o conjunto das faculdades intelectuais no próprio ser. Em vez disso, presume a sua existência. Não há uma substituição de Deus no intelecto do homem, quando se coloca a pensar a verdade. A função única do Ser divino é fazer com que o intelecto tenha a capacidade de conhecer verdadeiramente o sentido da ordem natural das coisas instituída por ele. Sendo que a ordem deve acontecer entre aquelas coisas que por si já são naturais no mundo e as correspondentes qualidades ou condições reais inteligíveis.

Os vestígios arraigados de Deus, como já foi visto em vias numéricas, estão impressos na mente para inteleccionar nos sentidos do corpo, que às vezes nos confundem, tornando-se vias exteriores que nos dão em nós a lei da beleza. A luz da irradiação numérica proposta por Agostinho une Deus ao homem em espírito, corpo e verdade, e é adquirida por um processo pedagógico em que a mente desvenda a própria luz da sapiência de si, e aí deleita-se na verdade revelada do ente, que foge da obscuridade e não pode fitar o Ser do Criador a criatura. Assim, a razão focaliza em si mesma a própria verdade e sabedoria, tendo diante de si as seguintes etapas:

Qualquer realidade que observes como mutável, tu não a podes apreender, quer pelos sentidos do corpo quer pela aplicação do espírito, se ela não for sustentada por certa enticidade [própria] dos números, suprimida a qual recairia no nada. Sendo assim, não duvides então de que para essas realidades mutáveis não se desfazerem, mas antes, para com os seus movimentos regulares e distinta variedade de formas, realizarem, para assim dizer, uma espécie de poema [da sucessão] dos tempos – [não duvides] de que existe uma enticidade eterna e incomutável, que não está contida nem se difunde pelos lugares, nem se prolonga e varia ao decorrer dos tempos. Por ela, todas as coisas que nos rodeiam são capazes de receber a sua enticidade própria, e segundo a sua condição, reunir em si e pôr em exercício os números, [próprios] dos lugares e dos tempos (AGOSTINHO, 1990, 145).

Agostinho, por via desse processo, faz emergir o conceito de enticidade[6]. Essa condição de emergência transcrita pelos expoentes matemáticos (números) garante a consubstancialidade da providência de Deus no homem pelo estado psicológico, de corpo e alma. Essa enticidade está distribuída hierarquicamente em três disposições, pelas quais categorizamos todas as criaturas: existir, viver e inteleccionar. Esses três atributos de enticidade são manifestados no homem no grau mais elevado da liberdade, pois Deus, quando oferece a última disposição, deposita no homem uma vontade autônoma sobre todas as coisas, menos acima de si mesmo.

Dessa forma, a vontade do homem é expressa no eixo de mediação, que o conduz à liberdade para contemplar as virtudes da justiça, da temperança, da prudência e da fortaleza. Sendo que essas virtudes, mesmo não sendo categorias do campo matemático, estão expressas na nossa alma com a mesma igualdade, e são referências advindas do Bem Supremo, que analogicamente emanam desse princípio na forma da racionalidade, e nos conduz por meio de livre-arbítrio, que nos disponibiliza para escolher a prática do conhecimento, para viver a excelência desse bem médio que nossa condição de interferência desvela do próprio conhecimento de si; assim: "as virtudes, pelas quais se vive honestamente, são

---

6. "Enticidade traduz a expressão latina forma, que em Agostinho não tem o sentido que apresenta na filosofia de Aristóteles. Por enticidade entende-se o que intrinsecamente constitui, na ordem inteligível, a essência e a realidade existencial de qualquer ser; ou esse mesmo ser, quanto à essência e existência inteligível" (AGOSTINHO, 1990, 145).

grandes bens; as perfeições de quaisquer corpos, sem as quais se pode viver honestamente, são bens ínfimos; por sua vez, as potencialidades do espírito, sem as quais não se pode viver honestamente, são bens médios" (AGOSTINHO, 1990, 145).

É importante compreender que o sentido que as virtudes estabelecem é adquirido como fundamento de juízos superiores, que interferem na escolha pelos bens ínfimos[7], sendo que a circulação desses bens provoca nos homens a escolha de viver segundo essas virtudes ou não. Aqui se esclarece uma das grandes problemáticas sobre a questão do mal gerida pelo livre-arbítrio, pois a fonte da escolha para a prática do mal está como condição, do efeito pelo efeito, na relação do usar bem ou mal aquilo que se escolhe, pelo critério imanente da prática das virtudes, que por sua via vem de Deus. Cabe agora a indagação: como entender o processo da verdade? Para que serve e aonde se chega por meio dela?

Podemos compreender melhor agora em que sentido a iluminação, no processo da verdade, está imbricada em toda esta problemática. Nós não vemos a verdade apenas por Deus, mas a vemos em Deus. Com as palavras do próprio Agostinho: "Deus é a luz inteligível na qual e a partir da qual e pela qual se iluminam todas as coisas para a inteligência". É na Verdade divina que podemos conceber verdades em nós. Evidentemente, não se trata de uma visão direta do divino: o homem não pode desembaraçar-se da sensibilidade. O problema fundamental, contudo, não está em saber como é entendida a visão na Verdade divina; o que interessa é que essa visão se torna a medida exclusiva da verdade. Nesse sentido, afirma o autor: "Com os olhos da alma vemos nesta eterna Verdade [...] uma forma que é modelo de nossa existência e de tudo o que obramos em nós e nos corpos quando olhamos segundo a verdadeira razão; por ela concebemos uma noção verdadeira das coisas" (BORNHEIM, 2001, 56).

Neste ponto já temos evidenciados por Bornheim os campos determinados e os objetos que limitam a condição humana, nos campos epistemológicos da razão, da vontade livre e da memória. No campo da razão temos a reserva dos objetos conhecidos e dogmatizados, que por ela se sustentam como afirmação da pura verdade, isto é, objetos da ciência.

---

7. Para Agostinho, os bens ínfimos são todas as condições dos bens materiais, como categorias de propriedades.

É possível concluir dizendo que a meta da relação homem, mundo e Deus-Verdade se articula por um caminho da teoria do conhecimento, que tende à seguinte premissa: o conhecimento liberta o homem da ignorância. E assim o homem vence a ignorância e conhece a existência de Deus Verdade por via da razão presente na sua interioridade. O homem que se distancia da verdade e usa seu plano racional para satisfazer os seus desejos imediatos permanece num labirinto de equívoco perpassado pela inquietude de não encontrar o fundamento do seu conhecimento e ilude-se pensando que o tem, caindo na incredibilidade pela prepotência de querer subordinar todos e todas as coisas pela indução do conhecimento sob as condições de privilégios dos seus méritos.

.

3. Os efeitos da liberdade

No percurso feito até aqui, é possível compreender que a dinâmica de investigação a respeito da natureza do homem é marcada por uma polarização entre o bem e o mal. Nela existem marcas de uma identidade ferida que, ao ser atribuída na condição humana, são evidenciadas por um lapso que se manifesta por uma falta da certeza da presença do Sumo Bem. Esse estado antropológico é arraigado pela presença infinita do Bem, no qual o homem redimensiona sobre si mesmo a capacidade de ser livre pela manifestação da sua escolha e pela decisão do ato mediado, em que o ser humano tende às aspirações divinas diante das possibilidades que estão à disposição da sua faculdade racional. Dessa forma, pode-se inferir que a origem substancial do homem encontra sua matriz na bondade, mas ele é ferido em consequência de sua natureza, que reside no fato de escolher a sua liberdade. Agostinho relata que os limites da razão humana tendem a esforçar-se por encontrar o nível da própria integridade humana que está ferida em sua natureza:

> Estabelecidas e consolidadas estas verdades, como ponto de partida do nosso raciocínio, atende o que vou propor. Todo ser racional, dotado desde a origem com o livre arbítrio da vontade, se se mantém na fruição do bem supremo e imutável, sem dúvida que merece louvor, e todo [o ser racional] que se

esforça por [lá] se manter, também este merece louvor. Pelo contrário, o que não se mantém nesta fruição, e não quer fazer por se manter, merece censura enquanto aí não se encontra, e enquanto não faz por aí se encontrar. Portanto, se é objeto de louvor o ser racional que foi criado, ninguém duvida de que se deve render louvor a quem o criou; e se ele é vituperado, ninguém duvida de que nessa mesma vituperação está implicado o louvor de quem o criou (AGOSTINHO, 1990, 215).

Dessa proposição compreende-se que Agostinho tende a enclausurar um certo tipo de fideísmo de ordem racional, no qual a natureza humana tem de seguir o seu itinerário pelo simples fato de encontrar-se como potencial da razão, que, mesmo no estado de estranhamento de si mesmo, reconhece a luz que perpassa a sua natureza imediata das coisas submetidas aos impulsos vegetativos. É nesta contradição, entre natureza vegetativa e natureza racional, que o homem toca no sublime da sua transcendência das coisas divinas. Mesmo querendo negar a afirmação da sua substância, ele persiste em permanecer em busca da verdade que, ao mesmo tempo, tenta esvaziar ou se anula de uma condição inútil por causa da descrença do seu juízo de negação, mas que sempre persiste em permanecer na afirmação da certeza do ser livre, que é querer a liberdade de si em sua totalidade.

Fica evidente que todo homem tem em seu ser um elemento essencial, doado pela condição manifesta do livre-arbítrio. Essa manifestação é a semelhança da inteligência ou da vontade. A liberdade é a essência do homem, porém ela se expande pelo pêndulo do livre-arbítrio que impõe a seu ser interior atitudes que serão reveladas pelo exterior. Agindo no ser do homem como se fosse uma luz, a liberdade tornará o homem prisioneiro de si ou o deixará totalmente livre? A condição do livre-arbítrio é identificada com a liberdade racional, considerada em si mesma, ou até como uma faculdade peculiar, origem dos atos livres que garante o conhecimento de liberdade, sendo que em consequência desta o homem busca constantemente o ser livre que está na sua vontade. A razão disso é que o mesmo homem capaz de infligir a ordem natural para praticar o mal é também o ser que tem a capacidade de realizar o Bem. Assim, os resultados da vontade é que vão garantir os efeitos da liberdade, pois não se pode pensar uma separada da outra.

Para Agostinho a liberdade não é possibilidade e escolha, limitada e condicionada. Ele interpreta a liberdade como autodeterminação ou autocausalidade atribuída ao homem na sua totalidade, e está no pertencimento ao mundo, e na sua substância. Dessa forma, essa concepção leva-nos a ter a liberdade como absoluta, incondicional e sem limites, só pode ser livre aquele que é causa de si mesmo. Contudo, essa certeza se aplica a todos os seres vivos, sendo que o homem tem grande honra porque a razão dos movimentos humanos é aquilo que o próprio homem escolhe como causa, podendo assim fazer um juízo e usar o próprio arbítrio para examinar as situações externas. Essa situação é desvendada por Agostinho:

> Há algumas outras propriedades, que já não se vê que pertençam aos animais, e, entretanto não são as mais altas no mesmo homem, como gracejar e rir. Isto, todo aquele que se considera como realmente humano, mas o ínfimo do homem. Há depois o amor da glória e do louvor, bem como a paixão de dominar. Estas aspirações, embora não sejam próprias dos animais, nem por isso se deve pensar que nós, pela ambição desses objetivos, somos superiores a eles. Com efeito, também esta volição, quando não está sujeita à razão, faz infortunados. Ora, nunca ninguém pretendeu que pelo [seu] infortúnio devia ser posto acima de qualquer outro. Por conseguinte, quando a razão domina esses impulsos da alma, deve dizer que o homem está conformado segundo a norma da ordem. De facto, não se deve aplicar o nome de ordem recta, nem simplesmente o de ordem, quando o mais perfeito está sujeito ao que é inferior (AGOSTINHO, 1990, 47).

Fundamentalmente, o ser humano tem necessidade de ser livre e o é porque "o poder da vontade para optar entre o bem e o mal baseia-se na sua aptidão para participar da felicidade" (GILSON, 2000, 191). Por essa razão, o homem deve ser considerado livre no seu todo e não só nas partes. Graças à razão e ao pensar, o homem é um ser livre e, agindo racionalmente, torna-se sábio, pois sabe viver em conformidade com a sua natureza. A ação de Deus, Bem supremo e imutável, acontece por meio de cada inteligência, e seu movimento é um bem porque não é livre nem privado de liberdade, mas as duas coisas ao mesmo tempo: absolutamente livre e por isso também necessário. Destaca-se que a categoria

51

do "ser necessário" determina o homem diante do bem universal, pela condição da própria limitação:

> É verdade que não há felicidade senão pela posse da verdade e do bem supremo; mas é necessário que esta felicidade decorrente do objeto comum a todos se transforme em propriedade pessoal. O que pressupõe a intervenção ativa da vontade. Minha felicidade deve ser na realidade, minha. Não posso ser feliz senão na minha felicidade, como tu só o podes ser na tua (GILSON, 2000, 192).

A condição da necessidade da vontade é neutra enquanto é um bem universal, pois ela está caracterizada no gênero humano como disposição do livre-arbítrio, que polariza a diversidade da sua manifestação de forma gradativa em todos os homens, particularizando-os na sua individualidade, ou seja, degrada-se, concomitantemente, por não articular a inteligência racional em busca da felicidade interior, que oferece ao indivíduo um equilíbrio contemplativo do ato livre que busca a sua liberdade, mas prefere a aplicação do juízo, que é sempre exterior, no qual o homem vagueia livre do desencontro da sua mediação racional com o Sumo Bem.

Dessa forma, a liberdade do ser tem a aptidão consciente e reflexiva que possui o espírito de se fixar, por si e espontaneamente, a querer e preferir acima de tudo o Bem absoluto e perfeito, de tal modo que, se lhe apresentasse em si mesmo, esta jamais escolheria o contrário. Retomando a questão da valorização do ser interior, pode-se reconhecer que os efeitos da liberdade dependem do entendimento da vontade quando tende a ficar nas coisas exteriores ou passar através da razão para o interior e do interior para além do espírito.

3.1. O homem, protagonista do mal

A compreensão do homem como autor principal de seus atos maus deve se dar unicamente a partir daquilo que habita no seu interior, ou seja, dos impulsos que nele agem por intermédio da sua vontade, que é livre. Já foi evidenciado que o mal não pode ter existência por si só, mas que é nada mais que a ausência do bem; pois quando o bem está presente, o mal não pode produzir diminuição daquela luz, que é necessária e que está na ordem constitucional do ser. Disso é possível, de forma clara e certa, acreditar que não pode ser o Criador o autor do mal. Por exemplo: no ser humano, a surdez tem a possibilidade de ser considerada um mal que atinge os princípios de operação do sentido da audição, o qual integra o conjunto daqueles bens que por si já são naturais ao homem. Seguindo a mesma linha de raciocínio, o mesmo não pode ser dito de um ser bruto – como é o caso da pedra; dela não pode ser dito que sofra de um mal por não possuir audição. Pois, naturalmente, a pedra não possui. Assim, trata-se unicamente da negação de uma realidade que em si deveria ser devida, e não da privação de um bem que é natural em si. Dessa relação podemos inferir a situação de contingência pelo compasso desmesurado do simples movimento:

> As privações de algum bem nas coisas estão ordenadas de tal maneira no conjunto da natureza, que tais privações não deixam de mostrar-se como cumprindo convenientemente o seu papel aos que sabiamente as consideram. Sim, porque fazendo Deus com que em determinados lugares e tempos não existisse a luz, fez tão convenientemente as trevas como os dias. [...] Nenhuma natureza, por conseguinte, é má enquanto natureza; a natureza não é má senão enquanto diminui nela o bem. Se o bem, ao diminuir nela, acabasse por desaparecer de todo, assim como subsistiria bem algum, assim também deixaria de existir toda e qualquer natureza, e não somente a imaginada pelos maniqueus – na qual ainda se encontram tantos bens que é de assombrar a sua obstinada cegueira –, mas também toda e qualquer natureza que se possa imaginar (AGOSTINHO, 2005, 21).

Dessa forma, cada ser possui a natural aptidão para existir de acordo com a necessidade que lhe completa na sua constituição funcional, enquanto o não ser analisado como privação sempre será corrupção da natureza do ser humano ao verificar o lugar e o tempo das coisas. Agostinho, estudando o mal nesse sentido, chega à conclusão de que ele não pode ser nem é uma natureza, mas a corrupção dela. Dessa afirmação, gera-se uma grande perspectiva ontológica da bondade de toda a criação, oposta ao pessimismo maniqueísta, que desprezava a consideração do movimento da matéria e colocava o homem perante uma dualidade.

53

Sendo Deus a própria bondade, não pode ser ele o autor do mal. Logo, nele não pode residir nenhum tipo de maldade. A prova dessa afirmação é que o Criador, sendo totalmente perfeito, cria a sua criatura para que também ela deseje a perfeição, atributo da sua liberdade manifestada na condição do livre-arbítrio. Compreende-se, claramente, que, se o Criador ocupasse a autoria do mal, o fato dessa presença maldosa no universo se tornaria sem fundamento, porque Deus seria o próprio mal, sendo ele todo-poderoso, presente em toda parte e, ao mesmo tempo, absoluto; se fosse o mal, não criaria o homem livre, e sim o tornaria senhor dos seus escravos, aproveitaria da desobediência para castigar a criatura e anularia a sua totalidade, que brota unicamente da bondade. Doando ao homem o livre-arbítrio, Deus lhe concede a opção da escolha para intuir no seu interior o Bem; ou, introduzindo no interior a maldade, externalizá-la com atitudes desumanas, rompendo assim a ordem natural do universo que o circunda.

É preciso notar que, se para Agostinho Deus é o Sumo e Eterno Bem, não deve ter o princípio e centro do mal advindo de Deus. Nesse sentido, cabe acreditar que a origem do mal está no homem, quando ele deseja a felicidade e esforça-se em buscá-la, simplesmente por sua potência e força na sua individualidade. Decai assim a vontade, que se esvazia por não encontrar o bem que devia fazer a todas as criaturas como realização da sua felicidade. A coação da vontade sufoca o homem pelo desejo imediato do querer a felicidade só para si. Em consequência disso, nele é gerido um sintoma de desprezo pela impassibilidade contraditória que o torna absoluto pela negação de todas as outras criaturas e, principalmente, de seus semelhantes.

É daí que decorre que a felicidade é um bem universal para todos os homens, pois Deus, ao criar a humanidade, desejou que não fosse feliz na sua individualidade, mas na sua totalidade. Assim, a vontade livre voltada para um bem universal em reverso à vontade má e individual aumenta e garante a possibilidade da felicidade. Não se pode negar a conclusão agostiniana, como faziam os maniqueus afirmando o inverso, considerando os bens externos males em si mesmos. Sabe-se que o mal só pode ser o abuso de tais bens. Na busca de uma antropologia teológica, na perspectiva agostiniana, segundo o teólogo Verzé:

Maldade por parte de Deus que poderia tirar do estorvo anjos e homens, subtraindo-os à escolha e, ao revés disso, não o faz? Seria como pretender que uma coisa fosse e não fosse, ao mesmo tempo. É o princípio da não contradição: o ser inteligente o é porque é livre. Só por ser livre pode estar com Deus, ou seja, com o Ser por essência e pode viver com Ele, não em si mesmo, de amor. Não é melhor, para Deus, absolutamente ciente e bom, respeitar a livre vontade e a capacidade de um ser inteligente e autônomo como é o homem, a fim de que reflita e vença o vazio, operando o bem? [...] Deus quis repartir a própria responsabilidade com o homem. O dom da inteligência e da livre escolha valia o risco do abuso. Mil anos, para Deus, são menos de um instante (VERZÉ, 2004, 32).

A partir daí, tem-se a percepção de que o homem, mesmo querendo abandonar Deus, possui em si a supremacia pelo próprio ato de pensar a sua condição de liberdade. Pois ele é dotado de uma capacidade racional que o distingue da própria natureza, como espécie privilegiada no universo. Nesse sentido, a sua capacidade racional é manifestada em três níveis psicológicos: o raciocínio, o juízo e a ideia. Eles são as faculdades do pensamento, que colocam o homem nessa escala da criação. Assim, não encontramos tais faculdades entre os seres que são apenas dotados de órgãos cerebrais. É nesse sentido que o homem deve sentir-se sujeito, não objeto, no conjunto de todas as coisas criadas, exercendo a sua liberdade, enquanto entre todos os viventes tem-se a faculdade da qualidade inteligível.

A razão funciona segundo as faculdades do pensamento, pois na trajetória dessa ordem natural da criação o homem é um ser por participação, constituindo, desse modo, uma espécie singular abençoada por algo divino que o coloca diante da reflexão de si e do mistério na ordem das coisas. Essa situação é determinada pela forma moderada com que se especifica a transcendência da espécie humana como dom recebido do Criador, fazendo dos homens seres inteligíveis e ordenados a determinados fim. Em vista dessa situação, é possível apresentar, à luz do pensamento aristotélico, outra referência:

O bem para o homem vem a ser o exercício ativo das faculdades da alma de conformidade com a excelência, e se há mais de uma excelência, de conformidade com a melhor e mais completa entre elas. Mas devemos acrescentar que tal exercício ativo deve estender-se por toda a vida, pois uma andorinha não faz verão (nem o faz um dia quente); da mesma forma um dia só, ou um curto lapso de tempo, não faz um homem bem-aventurado e feliz (ARISTÓTELES, 1996, 127).

É por isso que os níveis de maturação do homem são um processo contínuo de busca feliz de reencontro com a essência de sua alma. Entretanto, só se pode considerar que o mal presente na criatura humana se introduz a partir da escolha da sua natureza, na qual a aptidão do intelecto predispõe-se para o conhecimento da verdade e a inclinação da vontade para o Bem.

3.2. Os três níveis do mal

O mal em Agostinho deve ser analisado em seu estatuto ontológico, no qual a grande problemática está ligada unicamente à criatura. A evidência dessa constatação se verifica no homem por incapacidade de usar bem a racionalização. Do ponto de vista humano, o mal seria tudo aquilo que impede a humanização do homem, mas, do ponto de vista metafísico, o mal é entendido como ausência ou privação de bem: é o mal resultante do mau uso da liberdade. Dessa forma, só o bem possui substância, o mal não teria substância própria, apenas uma existência no sentido de diminuição do bem. Bastaria pensar no modo como Agostinho exprime essa situação: "Onde brilha a luz, não pode haver trevas. Quando vem a luz, torna-se claro que as trevas não passaram de ausência de luz. Onde existe o bem, o mal foi lançado fora; está claro que não passou de ausência de bem" (AGOSTINHO, apud EVANS, 1995, 16).

Assim, tal privação é imprescindível em todo homem que não seja Deus, na condição de criado, limitado. Surge, então, o seguinte questionamento: o mal, como explicá-lo? Toda essa problemática é examinada por Agostinho em três níveis: físico, moral e metafísico. É assim explicado o chamado mal metafísico, que não é verdadeiro mal, porquanto não tira dos seres o que lhes é devido por natureza. Quanto ao mal físico, ou seja, aquele que atinge também a perfeição natural dos seres, Agostinho procura justificá-lo mediante um velho argumento, de tipo estético: o contraste dos seres contribuiria para a harmonia do conjunto. Mas é essa a parte menos afortunada da doutrina agostiniana do mal.

Quanto ao mal moral, existe realmente a má vontade que livremente faz o mal; ela provém não da causa eficiente, mas deficiente, sendo o mal não ser. Este não ser provém unicamente do homem, livre e limitado, e não de Deus, que é puro ser e produz unicamente o ser. O mal moral entrou no mundo com o pecado original e atual; por isso, a humanidade foi punida com o sofrimento físico e moral, além de ter perdido os dons gratuitos de Deus.

Quando se recorre a Tomás de Aquino, é possível sustentar também que o mal é um movimento da dinâmica temporal:

> Evidencia-se que não há em Deus qualquer sucessão temporal, senão que Deus existe totalmente e simultaneamente. A sucessão temporal ocorre exclusivamente nas coisas que de um modo ou de outro estão sujeitas ao movimento, de vez que são o antes e o depois no movimento que constituem a sucessão temporal. Ora, Deus não está em absoluto sujeito ao movimento [...]. Donde se infere que não há n'Ele qualquer sucessão de tempo. Deus existe em sua totalidade e simultaneamente (AQUINO, 2000, 157).

Sendo assim, pode-se entender que a doutrina agostiniana a respeito de mal apresenta-o sob uma condição temporal. O mal é, fundamentalmente, privação de bem em cada tipo de ser. O bem deve estar presente na proporção daquilo que o ser é. Quando não se acha presente é porque falta àquela natureza determinado grau de ser que é devido a outra. O mal metafísico passa a ser próprio de cada natureza: se o bem é devido à determinada natureza e nela não está, temos o mal físico; se o mal aconteceu em razão da vontade humana que preferiu o mal ao bem, temos assim o mal moral.

3.2.1. O mal físico

A dimensão do mal físico segue a perspicácia do estado em que o ser já se encontra no seu existir. Nesse estágio o homem é marcado em sua existência com a culpa originária, na qual desconhece a própria origem. Afirma, contudo, que na sua raiz antropológica sente-se acometido pela falta redimensionada no juízo que lhe coloca diante da escolha causada pela incompletude que o domina. O ser de falta do homem alimenta-se em um terreno metafísico, oriundo da sua capacidade moral alimentada por um juízo de maior riqueza sublime e da mais singela veracidade. Esse presságio apresentado no mal físico é também evidência de um mal metafísico que vem como sintoma da acusação do juízo de si mesmo. Essa insegurança no homem apresenta-se como o seguinte pressuposto:

> O primeiro "acaso" é a Queda, que pode descrever-se como um *lapsus* da unidade com Deus (*abunitate Dei*). Pela *perversitas*, o afastar-se para longe de Deus da alma, a alma do homem é posta em movimento caótico, tornada sujeita à perturbação; podemos concluir razoavelmente que o movimento desordenado é um atributo do mal. (O movimento ordenado, tal como o dos planetas, não está em questão aqui. Este é ordenado divinamente, e em sua singularidade imita a tranquilidade divina). A mutabilidade das coisas é um sinal do efeito que o mal tem sobre suas naturezas intrinsecamente boas. Ainda que possamos postular uma causa, e termos confiança de que Deus tudo tem nas mãos, parece que existe uma anomalia aí, um tipo especial de mal (EVANS, 1995, 144).

Esse desvio presente no homem é justaposto à dualidade concedida na própria indiferença do ser presente no homem. Essa divisão recebe uma dinâmica que subjaz no platonismo: o homem bipartido em corpo e alma. Nesse caso, quando o mal físico circunda a natureza do corpo revela também a limitação do aprisionamento da alma. Esta, por sua vez, expandiu o pensamento como meio de livrar-se do próprio peso do corpo. Escapar dessa condição é decair na não aceitação da culpa e jogá-la para Deus como aquilo que é fruto da sua ação livre, confinando a condição humana numa prisão decretada pelo criador:

> Que há de indigno, se também dessa maneira se propôs o Criador mostrar que a dignidade da alma sobreleva a tal ponto os seres materiais, que a origem de uma pode encontrar-se no ponto a que chegou o declínio da outra? E assim, por ter chegado à ignorância e penosidade essa [primeira] alma que pecou, é que se fala com razão de castigo, pois [essa alma] era antes de tal castigo (AGOSTINHO, 1990, 237).

A dimensão do mal físico está na natureza do homem enquanto está constituído de corpo e alma. Reale e Antiseri evidenciam que "a corrupção do corpo que pesa sobre a alma não é a causa, mas a pena do primeiro pecado: não é a carne corruptível que torna a alma pecadora, mas sim a alma pecadora que torna a carne corruptível" (AGOSTINHO, apud REALE; ANTISERI, 1990a, 456), entretanto ela conseguiu, na escala hierárquica da criação, o grau mais supremo para vencer a própria ignorância do pecado. Vê-se imediatamente que nenhum ser humano pode considerar-se superior às leis do Criador; dado que Deus, ao criar o universo, determinou graus de diferenças entre criaturas, essas são consideradas pela diversidade e conforme a sua utilidade, ou, ainda, conforme a ordem e a capacidade de raciocínio.

É importante considerar que, entre os seres, todos são criaturas provenientes do Criador, mas de forma alguma possuem na sua natureza o absoluto de Deus. Pois, na ordem criacional, encontramos os vivos, superiores àqueles que não têm vida, os que têm sensibilidade acima dos que não a possuem, como é o caso dos animais perante as plantas. Dentre os que são sensíveis sobressaíram aos não inteligentes os que têm a faculdade de compreender (os inteligentes): neste caso, os homens aos animais; essa é a ordem natural das coisas criadas.

Compreender essa situação é acreditar que a liberdade de apreciação gera uma enorme diferença entre o juízo da razão e aquilo que é absolutamente necessário no indigente, ou melhor dizendo, a satisfação dos desejos. Na hierarquia da criação, o homem é um ser privilegiado por excelência, pois a capacidade de pensar lhe oferece a capacidade de examinar atentamente o que vale uma coisa no seu grau de ser. Seguindo essa via, busca na própria essência de si o que de forma imediata lhe aparece como verdadeira reflexão da mente, visto que o prazer só contempla algo de satisfatório para os próprios sentidos. Essa situação psicológica é o caminho para desvendar o próprio tesouro do espírito na conquista de si mesmo pela compreensão de sua filiação. Agostinho salienta desta maneira a diferenciação dos dons recebidos:

> Deus, por conseguinte, criou todos os seres, não só os que haviam de permanecer na virtude e rectitude, mas também os que haviam de pecar. [Não

os criou] para pecar, mas para virem a embelezar o universo, quer quisessem quer não [quisessem] pecar. Se entre os seres faltassem espíritos, que no conjunto da criação de tal modo ocupassem o fastígio da ordem, que seria deteriorado e aluiria o universo se eles se dedicassem a pecar – algo de grande faltaria à criação: faltaria com efeito aquilo que uma vez suprimido, ficaria abalada a estabilidade e concatenação dos seres. [...] De modo semelhante, se faltassem os seres que pecassem ou não, em nada se alteraria a ordem do universal, também nesse caso faltaria muitíssimo. São com efeito almas racionais, por certo desiguais nas funções àqueles [espíritos] superiores, mas iguais na natureza. Inferiores a estas [almas], mas no entanto dignas de apreço, há ainda muitas gradações de seres por Deus, que tudo supera (AGOSTINHO, 1990, 208).

O homem em Agostinho é privilegiado, pois se encontra num horizonte em que o ser está sobre o pensar. Assim, as realidades são produzidas pelo ato de pensar que revela a intimidade do ser, e as coisas não são apenas o que o homem pode pensar delas, mas o homem pensa algo delas, justamente, porque o são. Entretanto, o recurso a essa explanação é para evidenciar que o homem, decaído e aliciado pela prisão do mal físico, se encontra no seu refúgio, na sua elevação psicológica no ato de pensar. A respeito desse argumento, Silveira dá a seguinte interpretação:

A fonte de todo pensar funda-se no ser, e não o contrário, porque restringir o ser ao pensar humano significa transformar o horizonte de realidades que condiciona o homem em um conjunto de espectros, de fantasmas da psique projetados sobre objetos e fatos, ou então fazer do discurso e da linguagem algo absolutamente apartado dos fenômenos. Se chove, e alguém pensa que faz sol, isto não altera o fato da chuva, no seu existir tempo-espacial, mesmo que as mais sofisticadas injunções lógicas pareçam mostrar o contrário. A propósito, só a verdade é passível de demonstração científica (de ser mostrada), e o divórcio entre a realidade e o pensamento, ou o enclausuramento daquela neste (SILVEIRA, 2005, 6).

A passagem acima evidencia os limites do homem preso na sua psique, isto é, ele como fenômeno imediato que age preso num presente confinado aos impulsos da sua carnalidade. O homem, nesse estado, encontra-se decaído por um pressentimento de abandono ao ver confinada a sua liberdade por um mal físico que é, constantemente, a ameaça imediata da repressão da sua contingência. Em *O mal: como explicá-lo?*, Soares e Vilhena consideram que esse mal físico é expresso como doença, ou seja, sinal de impureza e desequilíbrio da saúde, provocado pelos apetites desregrados que vêm à tona como sintoma de sofrimento em excesso.

O homem que se vê envolvido nesse sintoma doentio recalca um significado que não pode ser procurado fora da significação imaginária do esmorecimento que se abate sobre a sua alma. Esse sintoma vem como um símbolo cataclísmico, porque a sua manifestação vem como clima devorador tal qual uma tempestade que quer aniquilar a condição humana. Os ventos impetuosos e destruidores que lançam o homem ao chão e o arrastam ao abismo são semelhantes à sensação do desencontro com as próprias forças. A ideia de impotência que se presentifica nesse estado tem como consequência o homem não admitir a sua debilidade caótica, impedindo a firmeza dos seus passos.

Antropologicamente, torna-se ameaçado e sujeito ao domínio de forças incontroláveis. A doença, mal físico que destrói o homem, é assim explicada pela incoerência de ser que quer se afirmar como ser absoluto e perfeito, que está sucumbindo pela pretensão da autonomia racional, pressuposta como recomposição do desfigurado, indeterminado, incapacitado de discernimento correto por estar atrelado aos sentidos e sensações. Sente-se assim, por sua vez, como atirado e prisioneiro em uma existência da qual não pode sair pelas próprias forças, mas nelas encontra o caminho no qual a dor é útil quando obriga a natureza a ser melhor.

A vida humana é um filtro catalisador, em que o sujeito é como uma árvore que finca suas raízes nos infernos da existência perseguida pela contingência e que, conhecendo as possibilidades que pode lhe atrofiar, subtrai as substâncias necessárias para chegar às alturas e contemplar a eternidade. Após tanto sofrimento, o homem é resgatado de toda essa situação e coloca-se de pé para efetivar o bem.

Assim, a vida é "a alternância de situações nas quais prevalece ora a alegria, ora a lamentação e a dor, o canto e o choro" (SOARES; VILHENA, 2003, 27).

3.2.2. O mal moral

A dualidade presente no homem é um sinal da dupla origem do pecado. Essa ramificação do pecado ocorre, por um lado, pela ideação espontânea e, por conseguinte e por outro lado, pela persuasão alheia, isto é, o sujeito acometido pelo pecado induz outrem a também cometer o pecado. Ora, tanto um quanto o outro pecado, indubitavelmente, são voluntários, porque dizem respeito à vontade do sujeito.

Temos, dessas duas condições do pecado, a presença de um mal moral que tem uma natureza efêmera e outro que tem uma natureza pública. Na primeira condição do pecado verifica-se o maior peso para o homem, porque toca diretamente em uma condição interna de acusação da própria consciência que recalca a carga da culpa. O segundo quase sempre é reflexo da primeira condição, mas é a própria consequência do dano provocado de forma efetiva a outrem. Consequentemente, o pecado subjetivo é mais difícil de ser superado, pois o tormento carregado pelo indivíduo é a aliciação imediata da culpa, que perdura no sujeito como forma de afirmar sua negligência de indignidade, enquanto ele não tem a capacidade de superá-lo. Já no pecado público, o ato de perdão da pessoa prejudicada alivia o ressentimento do pecador. De toda maneira evoca no pecado um desdobramento da própria acusação advinda do reflexo da consciência de si, observada na seguinte circunstância:

> Dá-se a queda quando o homem se torna consciente de sua finitude. Neste momento ele é tomado de angústia, e de angústia tal que provoca a passagem da essência à existência. A queda é o despertar da finitude: a atualização da própria liberdade finita. "No momento em que o homem se torna consciente da própria liberdade, a consciência desta perigosa situação se apodera dele. Experimenta uma dupla ameaça, que se enraíza na sua liberdade finita e é expressa pela ansiedade. O homem experimenta a ansiedade de perder-se a si mesmo, não realizando as próprias potencialidades, e também de perder a si mesmo realizando-as. Acha-se dividido entre a conservação da inocência sonhadora sem experimentar a atuação do ser, de uma parte, e a perda da inocência pela aquisição do conhecimento da força, da culpa, de outra. A angústia desta situação constitui a tentação. A decisão de realização de si mesmo produz o fim da inocência sonhadora" (MONDIN, 1986, 227).

Santo Agostinho, numa visão teológica, acentua o seu aprofundamento filosófico. Refere-se que essa relação é fronteiriça, porque o homem abre-se na própria luz de suas fronteiras, uma que o leva ao infinito e outra que se volta sobre si condensada pela barreira que opaca o seu finito. Nesse sentido, Deus, por conseguinte, quis cumprir a justiça ao punir um e outro pecado. Com efeito, até na averiguação da justiça cuidou-se que ao poder do demônio não fosse subtraído o homem, que ele tinha submetido a si, instigando-o ao mal. Era efetivamente injusto que ele não dominasse sobre quem ele tinha feito cativo. Por outra parte, não é de modo nenhum possível que a justiça de Deus, Verdadeiro e Supremo, a qual se entende por toda parte, deixe de pôr ordem nas mesmas quedas dos que pecam (AGOSTINHO, 1990, 200).

Diante dessa constatação do pecado, o homem está confinado ao mal moral por causa de sua má vontade, que não é uma causa eficiente, mas deficiente, como consequência de sua decisão na escolha entre seguir a bondade absoluta do Criador ou simplesmente seguir os próprios projetos. Quando o homem segue a vontade do Criador percebe, em seu nível psicológico de discernimento, que a manifestação da criação já traz consigo o esplendor dessa bondade em virtude de atualizar-se como possuidora de uma potência em si que revela a essência das coisas, mas que nessa expansão é presença de muitos bens.

Entretanto, a diversidade da presença de muitos bens coloca o homem em estado de angústia por querer abarcar todos, pois, se fosse um só, a contemplação era imediata com o próprio Bem Absoluto. Contudo o mal deriva do fato de não existir um único bem; nesse estado de sua limitação, portanto, a sua deficiência está em uma escolha incorreta entre esses bens. Dessa situação perde a bondade do homem interior e deseja a sua potência por possuir o domínio do homem exterior. Agostinho diz, interpretando e negando a causa eficiente da vontade má:

> De facto, separar-se d'Aquele que é no mais alto grau para se voltar para o que tem menos ser é começar a ter uma vontade má. Querer, portanto, descobrir uma causa desta defecção quando ela é, como disse, não eficiente, mas deficiente, é como se se quisesse ver as trevas e ouvir o silêncio. São duas coisas que conhecemos, mas nem uma pelos olhos nem a outra pelos ouvidos – não na substância, mas na privação da substância. Ninguém, portanto, procure

saber de mim o que sei que não sei, salvo talvez o aprender a ignorar o que é preciso saber que não se pode saber. Efectivamente, o que se conhece, não pela substância, mas pela sua privação, de certo modo conhece-se, ignorando-o – se assim podemos falar e compreender – e ignora-se, conhecendo-o (AGOSTINHO, 2000a, 1095).

Seguindo ainda a mesma linha de raciocínio, verifica-se que o homem, ao se apoderar dos próprios projetos, já não tem confiança na ação do Criador e todo seu conhecimento se dá em função de demonstrar a sua superioridade, mesmo escravizando-se com as posses e negando a sua condição de ser livre. Pois a sua liberdade está na dimensão de encontrar o significado mais profundo de si. Até aqui, entende-se e compreende-se que, ao separar-se do Ser Supremo e voltar-se para seres inferiores, o homem rompe com a ordem natural da criação, desafiando aquele Bem que é próprio e determinado. Assim, o homem põe à parte a justiça que devia ser posta acima do bem inferior, descuidando da temperança que nos dispõe para as realidades mais belas do espírito. Dessa forma, o ser não deve querer perversamente um bem, seja qual for a sua natureza, pois "O bem em mim é obra tua, é o teu dom; o mal em mim é o meu pecado" (AGOSTINHO, apud REALE; ANTISERI, 1990a, 456).

3.2.3. O mal metafísico

Analisar a questão do mal metafísico é intuir desde o início como o homem fica fechado na cadeia da própria vontade intuitiva, ou seja, está concentrado na primeira instância da sua faculdade de juízo, nutrido de um querer insaciável pela consumação do próprio desejo de se encontrar como identidade absoluta. A imaginação que substancializa a luz da mente interior conduz ao exterior a necessária urgência de se afirmar, pelo fato de que todas as naturezas existentes são boas, seja porque elas não têm noção da própria dignidade, seja porque o sentimento do seu estado de vida não lhe oferece a capacidade de refletir a presença da contingência que deixa o homem na instabilidade de vida. Todo ser criado, independentemente de sua natureza, deve manter-se mediante a ordem na natureza, deve manter e conservar o seu ser como o recebeu.

3. OS EFEITOS DA LIBERDADE

O homem é privilegiado, nessa escala da criação, pelo fato de ter recebido essa faculdade de juízo intuitivo para ordenar as coisas pelo conhecimento, mas não é possível julgar descartáveis os defeitos dos animais, das árvores e até mesmo de outras coisas mutáveis, que em si mesmos são anulados de inteligência e de sensibilidade. Pois tais criaturas também receberam como doação do Criador sua parcela de perfeição. E, nesse sentido, são capazes de, com toda a plenitude e a sua pequenez, manifestar em meio a toda a criação a beleza dada segundo o seu gênero. Portanto, "do ponto de vista metafísico-ontológico, não existe mal no cosmos, mas apenas graus inferiores de ser em relação a Deus, que dependem da finitude da coisa criada e dos diferentes níveis dessa finitude" (REALE; ANTISERI, 1990a, 455). Contudo o homem, para não decair apenas na imaginação da sua má vontade, cria um subterfúgio pelo medo de encarar a essência de sua limitação humana, deslocando-se assim para um jogo ateísta por querer manobrar as leis da natureza.

Dessa forma, os seres desprovidos de capacidade de conhecimento não têm obrigatoriamente de ser idênticos aos possuidores de razão, nem poderiam deixar de existir na escala criacional só porque os possuidores de razão são melhores. Se nessa ordem a beleza não agrada, deve-se à própria falta de compreensão a respeito da falta de percepção do conjunto em que se ajusta o universo em harmonia e proporção. Vivendo muitas vezes na ignorância e não buscando a contemplação da totalidade da obra do Criador, o homem, ser racional, torna-se insensato e deixará de testemunhar as obras grandiosas do artista, que está a favor muitas vezes da sua natureza. Contudo, Agostinho enumera bens que em si são possíveis e dignos de atribuir-se ao Criador como autor:

> Toda e qualquer vida, grande ou pequena; todo e qualquer poder, grande ou pequeno; toda e qualquer saúde, grande ou pequena; toda e qualquer memória, grande ou pequena; toda e qualquer força, grande ou pequena; todo e qualquer entendimento, grande ou pequeno; toda e qualquer tranquilidade, grande ou pequena; toda e qualquer riqueza, grande ou pequena; todo e qualquer sentimento, grande ou pequeno; toda e qualquer luz, grande ou pequena; toda e qualquer suavidade, grande ou pequena; toda e qualquer medida, grande ou pequena; e os demais bens semelhantes a esses, espirituais ou corporais; todo e qualquer modo, toda e qualquer espécie, toda e qualquer

ordem, grandes ou pequenos; tudo isso não pode proceder senão do Senhor Deus. Aquele que queira abusar de quaisquer desses bens padecerá a pena imposta pelo juízo divino; e, onde não exista nenhum desses bens, tampouco haverá aí nenhuma natureza (AGOSTINHO, 2005, 17).

Disso é possível entender que o cuidado ético com o cosmo é rompido e desagrega o homem da sua sintonia com o universo por causa da sua vontade subversiva. É por causa dessa subversão de ordem imaginativa que ele se desliga do real. A manifestação intuitiva pré-fabricada dos interesses humanos revela um jogo quantitativo de omissão em face da relação equilibrada do conhecimento que eleva a qualidade da natureza humana e reconquista a prática da bondade. Nesse sentido, o conhecimento não é o catalisador que purifica a vontade, mas esta última é que proporciona com sua intenção de bondade distinguir os erros da vaidade e da incapacidade para descobrir a verdade das coisas.

A tese agostiniana recoloca o sentido do homem como ser presente e atuante nos átrios da história. Ele é sujeito efetivo que reconquista a boa vontade, presente em seu ser interior, como forma de vencer a ignorância cometida pelo pecado e de resgatar o sujeito transcendente pela afirmação de uma nova identidade, vinda pela conquista do conhecimento, e dessa forma ocorre a elevação do espírito de sabedoria que o aproxima de Deus. A condição do mal metafísico ganha corpo em torno da passividade e da comodidade do sujeito. Ele, em vista de não querer reconquistar sua vitalidade transcendente, projeta-se como sintonia de uma intuição pessimista em consequência da descrença condizente com uma fonte de diminuição do seu valor humano. Esse sintoma pode também ser conferido de modo adverso, quando o sujeito toma a postura totalitária para si e afirma-se como uma supervalorização, desprezando qualquer valor fora de si mesmo.

3.3. A existência de Deus: Deus suprema Existência

Diante dos sofrimentos que o mal traz ao ser, é muito mais simples afirmar que Deus não existe; contudo essa afirmação não exclui a dor, que no ser se transforma muitas vezes em uma grande ansiedade e aflição. Mesmo anulando a existência do Criador, o mal continua existindo e escravizando as pessoas, portanto a existência ou a inexistência de Deus não determina a dor do sofrimento no ser, que pela vontade bondosa do Criador escolheu muitas vezes o mal em vez do Bem, e por isso sofre. Desta situação surge o seguinte questionamento: "Se Deus existe, de onde vem o mal? Mas, se não existe, de onde vem o Bem?" (SOARES; VILHENA, 2003, 13).

Qualquer que seja a resposta a essa indagação, não será satisfatória, pois, como já discutido, a raiz inadiável dessa questão não se encontra em Deus, mas na ação do homem. Por isso, retomando Anselmo de Aosta, Silveira afirma:

> Deus é um ser tão perfeito que não pode – sequer – ser pensado como inexistente. Quando afirmamos "Deus", pensando no ser perfeitíssimo (*ens perfectissimum*), não podemos pensá-lo como não existente pelo fato de que, se o fizermos, não é nele que pensamos, mas em outro, imperfeito, pois a inexistência seria uma imperfeição e não caberia ao ser perfeitíssimo. [...] Deus não pode ser existente apenas no intelecto (*in intellectu*), mas de fato (*in re*), porque Nele "pensamento, ideia e existência coincidem" (SILVEIRA, 2005, 24).

Agostinho procura esclarecer a prova da existência de Deus seguindo um caminho dos dados imediatos da própria experiência interna. O ponto de partida para provar isso está nas fases da prova da existência de Deus, as quais seguem a ordem ou a gradação dos fatos fundamentais, a ordem do conhecimento sensível e a ordem do conhecimento intelectivo. É útil, contudo, notar que até mesmo o homem que duvida sabe que existe, vive e pensa, esses atributos são essenciais aos seres humanos, pois estes possuem o conhecimento e, conhecendo, vivem e existem. Assim, o conhecimento não virá dos sentidos externos, acredita-se na existência de um movimento elevado e superior que tem a capacidade do juízo, julgando assim os sentidos. Agostinho acredita que tal força superior é o sentido também encontrado muitas vezes nos animais, sendo que estes não ultrapassam o nível da sua natureza. Dessa forma, a questão que se apresenta não é estabelecer o fato da existência de Deus, mas estabelecer o que ele é, pois a verdade, como já visto, é algo que transcende a razão. Dessa feita verifica-se que existe algo acima da razão, que determinará uma prova da existência de Deus. Assim, a Verdade se encontra em um lugar mais elevado que a razão, pois ela julga e ao mesmo tempo modera a razão. Levando em consideração tal aspecto, compreende-se que será a verdade que permitirá ao ser contemplar e tornar-se possuidor do Sumo e Eterno Bem; esse foi o caminho que Agostinho tanto buscou e essa é a verdade que deve permear todo ser. Não se pode buscar a sabedoria em si mesmo desconhecendo essa verdade, pois na mente do homem já deve estar impressa a ideia de sabedoria. Tudo isso é necessário, pois nesse saber está contida e já determinada a verdade eterna, necessária e imutável. Basta pensar no modo como Gilson exprime essa questão, para que tal ideia seja comprovada:

> É que esta nos é concedida de antemão; não se origina dos sentidos, tampouco como os números se originam delas. É verdade que os homens não costumam ter grande apreço pelos números; mas todos estimam a sabedoria. No fundo, porém, trata-se de uma e a mesma coisa. E assim se nos manifesta a transcendência das verdades eternas que são transubjetivas num sentido inteiramente diverso e superior às coisas sensíveis, pois ao contrário destas, aquelas são verdadeiramente imutáveis (GILSON, 2000, 156).

Contudo, o reino da verdade é onde se encontra Deus, ou está em algo de que a verdade depende, ou ainda em algo que determina as próprias condições da verdade, por isso não há interesse de Agostinho em indicar com precisão a condição real e exata que se pode determinar a Deus, ele se conforma apenas com o desvelar de uma realidade que se sobrepõe à razão. Nesse sentido, a consciência de que Deus existe, de que é a Verdade Suprema e Eterna e o fim último a que aspira a nossa vontade é tanta que não nos é dado compreendê-lo em sua eterna totalidade. Nenhum dos atributos e expressões que se tenta aplicar a Deus tem a capacidade de revelar a sua essência, sobretudo porque todos os conceitos que possui o ser derivam de criaturas corporais e aplicam-se primeiramente às coisas e criaturas mutáveis e ao mesmo tempo temporais. Assim expressa Agostinho: "o único conhecimento que a alma tem de Deus é o saber como não o sabe" (GILSON, 2000, 173).

É notório que Deus é o originador de tudo o que existe, por isso todas as outras realidades são mutáveis. Tendendo assim, sem nenhuma exceção, à corrupção, à degeneração e ao nada, e não possuindo a totalidade das coisas, o homem possui uma existência em dependência de uma realidade superior à sua, realidade esta imutável e perfeitíssima. Assim Deus fez do nada todas as coisas, e não da sua substância mas do seu poder, sendo que o que tem existência por si mesmo é mais que necessário, e de modo determinante: é Deus, ou aquilo que é proveniente de sua substância. Acreditando que a criação é um ato da vontade de Deus, tem-se ainda mais certeza da existência de Deus, pois o ato criativo também um entendimento e uma revelação da sabedoria de Deus.

A doutrina da teoria do conhecimento é inseparável da prova da existência de Deus na filosofia agostiniana, pois, quando o homem recebe na sua essência a vontade livre, Deus o concebe para um único bem. Mas o próprio homem danifica esse bem ao se voltar para a ação má, para os bens inferiores; isso interfere na compreensão de sua realidade existencial. Somente a graça divina pode resgatar o homem desse estado de ignorância. De acordo com Evans:

> É a esta liberdade humana de escolha que a graça deve ajudar, uma liberdade prejudicada e restringida, e é em sua faculdade de querer o bem que a vontade humana precisa de ajuda. Não existe nenhuma dificuldade de querer o mal sem ajuda. À medida que acedia cada vez mais à opinião de que era necessária alguma ação direta da parte de Deus, dirigia-se Agostinho para uma posição extrema. Sua concepção evolutiva da enorme generosidade do Criador em ajudar a vontade danificada do homem a funcionar adequadamente, destruiu paulatinamente toda ideia de que o homem poderia contribuir para sua própria salvação por esforço humano próprio; se o homem pudesse merecer a graça de Deus, diminuiria a graça; só se ela for inteiramente desmerecida, será verdadeiramente livre. E se o homem não pode fazer nada no assunto, é também um dom que ele não pode recusar. É um dom que o compele a ser salvo (EVANS, 1995, 190).

Quando o ser perverte a vontade que lhe foi dada livre, acredita-se que a perversão, seja ela qual for, é perversão do entendimento e da memória. No entanto, estes dois aspectos da perversão (da vontade e do entendimento) se mantêm de forma bloqueada, impedindo o seu funcionamento adequado. Esse ser necessita, assim, da iluminação divina para poder voltar a reconhecer a presença de Deus em sua mente e no seu interior. Contudo a existência de Deus se autodenomina e é perfeita enquanto é, porque não pode deixar de ser como tal, sem com isso eliminar a possibilidade de qualquer existente. Entendendo que a graça é necessária para que o homem seja capaz de vencer seus limites, acredita-se que sem ela o livre-arbítrio pode discernir o bem do mal, mas jamais tornará o bem uma realidade inerente ao homem. Assim, a graça está estritamente ligada ao livre-arbítrio, pois sem a intervenção da graça o livre-arbítrio encaminha-se para o Bem Eterno.

Segundo Agostinho, temos duas certezas ante essa questão: "a vontade é livre para escolher o pecado e aquele que peca é inteiramente responsável por isso, e não Deus; da mesma forma, aquele que age segundo o bem divino não deve esquecer que sua própria vontade concorreu para essa boa obra" (PESSANHA, 1987, 18). Verifica-se, pois, que em virtude da graça o homem sempre produzirá o efeito esperado mediante as suas ações, sendo que na vontade não encontramos a capacidade de ir além e contemplar o Sumo e Eterno Bem. Assim, não pode haver uma separação entre a graça e a liberdade, pois em Agostinho uma completa a outra. Dessa forma, conclui-se que "onde o pecado abundou, a graça superabundou" (SOARES; VILHENA, 2003, 12).

Conclusão

Tarde te amei, ó beleza tão antiga e tão nova! Tarde demais eu te amei!
Eis que habitavas dentro de mim e eu te procurava do lado de fora!
Santo Agostinho, *Confissões*, 1984.

A presente obra teve por finalidade explicar a estrutura teológica agostiniana que aprofundou a doutrina cristã.

Os questionamentos aqui evocados afiguram um esforço do bispo de Hipona em sobrepor a teologia helênica que acreditava na máxima socrática "Conhece-te a ti mesmo". Sócrates acreditava que era impossível o homem fazer o mal conhecendo o Bem. Entretanto, a teologia agostiniana aprofundou o conceito da "vontade humana" corrompida pelo pecado original.

A dependência da graça divina elucida que na época de Agostinho havia uma necessidade teológica de explicar o caminho para transpor a dor e as inseguranças que a sociedade vivia com a decadência do Império Romano e as invasões bárbaras.

Não há dúvida de que a crença em novos céus e uma nova terra, assim como na existência da Cidade de Deus, provocou um impacto de relevo naquela época (*Civitas Dei in terris*), assunto a ser aprofundado em obra futura.

Por fim, os temas filosóficos evocados por Agostinho são bastante abrangentes, suas obras foram estudadas no percurso de toda a Idade Média. Os seus versos eram lidos nas principais universidades do século

XIII e até hoje muitos estudantes acadêmicos nutrem uma sincera admiração por suas obras. A bem dizer, só é possível entender a estrutura teológica medieval a partir dos livros de Agostinho.

Referências

ABBAGNANO, Nicola. *História da filosofia*. Trad. António Borges Coelho. Lisboa: Presença, ⁴1992, v. II.

_____. *Dicionário de filosofia*. São Paulo: Martins Fontes, ²1999.

AGOSTINHO, Santo. *Confissões*. Trad. Maria Luiza Jardim Amarante. São Paulo: Paulus, 1984.

_____. *De Magistro*. Trad. Angelo Ricci. São Paulo: Nova Cultural, ⁴1987, coleção Os Pensadores.

_____. *O livre arbítrio*. Trad. António Soares Pinheiro. Braga: Faculdade de Filosofia, 1990.

_____. *A graça (I)*. Trad. Agustinho Belmonte. São Paulo: Paulus, 1998, coleção Patrística.

_____. *A graça (II)*. Trad. Agustinho Belmonte. São Paulo: Paulus, 1998, coleção Patrística.

_____. *Diálogo sobre a felicidade*. Trad. Mário Santiago de Carvalho. Lisboa: Edições 70, 1998, edição bilíngue.

_____. *Solilóquios e A vida feliz*. Trad. Adaury Fiorotti e Nair de Assis Oliveira. São Paulo: Paulus, ²1998, coleção Patrística.

_____. *A cidade de Deus*. Trad. J. Dias Pereira. Lisboa: Fundação Calouste Gulbenkian, ²2000a, vol. II.

_____. *A cidade de Deus*. Trad. J. Dias Pereira. Lisboa: Fundação Calouste Gulbenkian, ³2000b, vol. III.

_____. *A natureza do bem*. Trad. Carlos Ancêde Nougué. Rio de Janeiro: Sétimo Selo, 2005.

_____. *A doutrina cristã*. Trad. Nair de Assis Oliveira, CSA. São Paulo: Paulus, ²2007.

AQUINO, Tomás de. *Compêndio de teologia*. Trad. Luiz João Baraúna. São Paulo: Nova Cultural, 2000, coleção Os Pensadores.
ARISTÓTELES. *Vida e Obra*. São Paulo: Nova Cultural, 1996. Coleção Os Pensadores.
BERKHOF, Louis. *A história das doutrinas cristãs*. São Paulo: PES, ²1992.
A Bíblia de Jerusalém. São Paulo: Paulus, 2001.
BORNHEIM, Gerd. *Metafísica e finitude*. São Paulo: Perspectiva, 2001.
BROWN, Peter. *Santo Agostinho: uma biografia*. Trad. Vera Ribeiro. Rio de Janeiro: Record, ²2005.
CIRNE-LIMA, Carlos; ALMEIDA, Custódio. *Nós e o absoluto*. São Paulo: Loyola, 2001.
DESCARTES, René. *Meditações*. Trad. J. Guinsburg e Bento Prado Júnior. São Paulo: Nova Cultural, 1996, coleção Os Pensadores.
EVANS, Gilliam. *Agostinho sobre o mal*. Trad. João Rezende Costa. São Paulo: Paulus, 1995.
FERRATER MORA, José. *Dicionário de filosofia*. Barcelona: Alianza Editorial, 1990, v. III.
GARCÍA RUBIO, Alfonso. *Unidade na pluralidade, o ser humano à luz da fé e da reflexão cristãs*. São Paulo: Paulus, ³2001.
GILSON, Etienne. *Introdução ao estudo de Santo Agostinho*. Trad. Cristiane Negreiros Abbud Ayoub. São Paulo: Discurso Editorial/Paulus, 2006.
GILSON, Etienne e BOEHNER, Philotheus. *História da Filosofia Cristã*. São Paulo. Editora Vozes, ¹³2000.
_____. *A filosofia na Idade Média*. Trad. Eduardo Brandão. São Paulo: Martins Fontes, ²2007.
LIBANIO, João Batista. O mal: problema de fronteira. In: CIRNE-LIMA, Carlos; ALMEIDA, Custódio. *Nós e o absoluto*. São Paulo: Loyola, 2001.
MARCONDES, Danilo. *Textos básicos de filosofia: dos pré-socráticos a Wittgenstein*. Rio de Janeiro: Jorge Zahar, 1999.
MONDIN, Batista. *O homem, quem é ele? Elementos de antropologia filosófica*. São Paulo: Paulus, ¹⁰1980.
_____. *Curso de filosofia*. Trad. Bêoni Lemos. São Paulo: Paulus, ⁹1981, v. 1.
_____. *Antropologia teológica: história, problemas, perspectivas*. Trad. Maria Luiza Jardim de Amarante. São Paulo: Paulinas, ³1986.
PADOVANI, Umberto; CASTAGNOLA, Luís. *História da filosofia*. São Paulo: Melhoramentos, ¹⁵1990.

PESSANHA, José Américo Motta. Santo Agostinho (354-430). Vida e Obra. In: AGOSTINHO, Santo. *De Magistro*. Trad. Angelo Ricci. São Paulo: Nova Cultural, ⁴1987, coleção Os Pensadores.

PLATÃO. *A República*. Trad. Enrico Corvisieri. São Paulo: Nova Cultural, 2000, coleção Os Pensadores.

REALE, Giovanni; ANTISERI, Dario. *História da filosofia*. São Paulo: Paulus, ⁴1990a, v. I.

_____. *História da filosofia*. São Paulo: Paulus, ⁴1990b, v. II.

RIOS, Dermival Ribeiro. *Dicionário prático da língua portuguesa*. São Paulo: Difusão Cultural do Livro, 1998.

SANFORD, John. *Mal: o lado sombrio da realidade*. Trad. Silvo José Pilon e José Silvério Trevisan. São Paulo: Paulus, ³1998.

SILVEIRA, Sidney. Santo Agostinho e o mal como privação de bens naturais. In: AGOSTINHO, Santo. *A natureza do bem*. Trad. Carlos Ancêde Nougué. Rio de Janeiro: Sétimo Selo, 2005.

SOARES, Afonso; VILHENA, Maria Angela. *O mal: como explicá-lo?* São Paulo: Paulus, 2003.

STEAD, Christopher. *A filosofia na Antiguidade cristã*. Trad. Odilon Soares Leme. São Paulo: Paulus, 1999.

STEIGER, André. *Compreender a história da vida: do átomo ao pensamento humano*. Trad. Benôni Lemos. São Paulo: Paulus, 1998.

TOMATIS, Francesco. *O argumento ontológico: a existência de Deus de Anselmo a Schelling*. Trad. Sérgio José Schirato. São Paulo: Paulus, 2003.

VERZÉ, Luigi Maria. *Que é o homem?* Trad. Trípoli F. Gaudenzi e Ophélia B. Gaudenzi. Salvador: Helvécia, 2004.

OBRA COMPLETA
PADRE ANTÓNIO VIEIRA

OBRA INÉDITA NO BRASIL • DIVIDIDA EM BLOCOS TEMÁTICOS • 30 VOLUMES

Mais de quatro séculos depois do nascimento de Padre António Vieira, só agora, em pleno século XXI, sua obra completa é editada no Brasil. Um ambicioso projeto concretizado por Edições Loyola.

Para adquirir:
11 3385.8500
vendas@loyola.com.br
www.loyola.com.br

Suma
teológica

Reunindo em forma de compêndio importantes tratados filosóficos, religiosos e místicos, Santo Tomás de Aquino, através da Suma teológica, procurou estabelecer parâmetros a todos os que se iniciam no estudo do saber da teologia. Dividida em nove volumes, a obra permanece como um dos mais relevantes escritos do cristianismo de todos os tempos.

Para adquirir:
11 3385.8500
vendas@loyola.com.br
www.loyola.com.br

Edições Loyola é uma obra da Companhia de Jesus do Brasil e foi fundada em 1958. De inspiração cristã, tem como maior objetivo o desenvolvimento integral do ser humano. Atua como editora de livros e revistas e também como gráfica, que atende às demandas internas e externas. Por meio de suas publicações, promove fé, justiça e cultura.

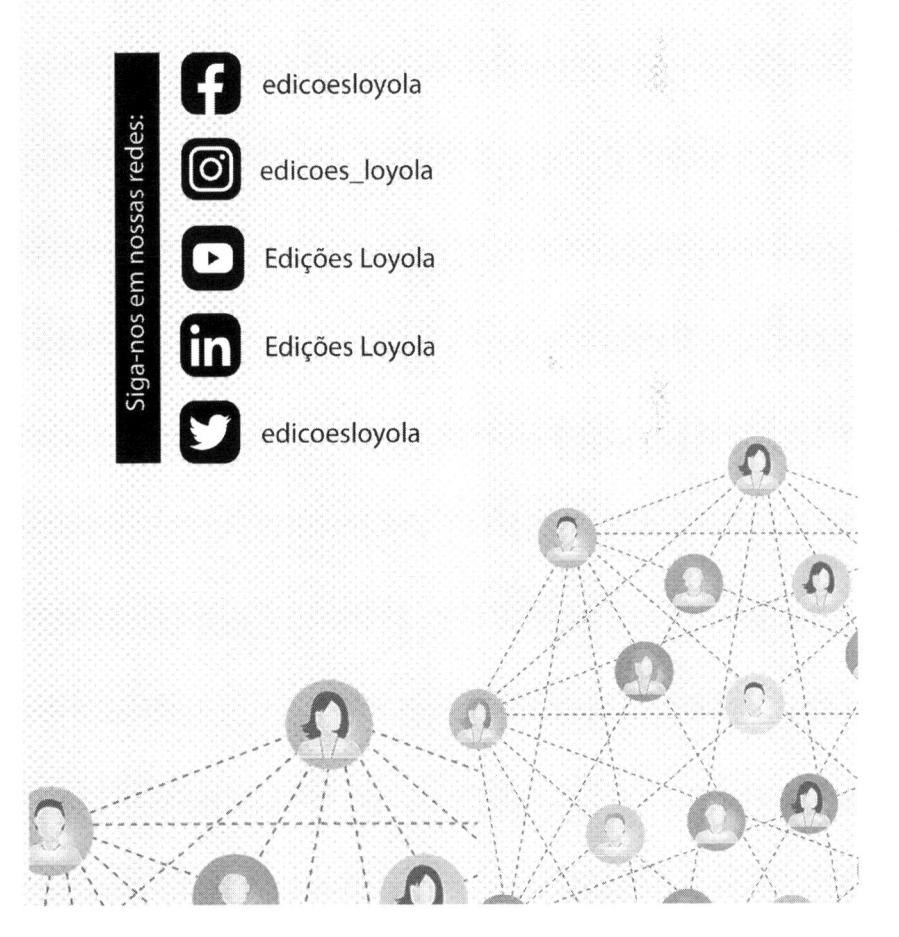

Siga-nos em nossas redes:

- edicoesloyola
- edicoes_loyola
- Edições Loyola
- Edições Loyola
- edicoesloyola

Edições Loyola

editoração impressão acabamento
rua 1822 n° 341
04216-000 são paulo sp
T 55 11 3385 8500/8501 • 2063 4275
www.loyola.com.br